スーパーの食材が
高級レストランの味になる

三國シェフの すご技絶品レシピ

永久保存版

三國清三

JN029184

KADOKAWA

はじめに

　YouTubeに「オテル・ドゥ・ミクニ」を開設してもうすぐで3年、関連書の『スーパーの食材でフランス家庭料理をつくる　三國シェフのベスト・レシピ136 永久保存版』を刊行して1年がたちました。相乗効果でチャンネル登録者数は2022年12月現在も右肩上がり。40万人目前です！そして書籍は「第9回 料理レシピ本大賞 in Japan 2022」で「プロの選んだレシピ賞」を受賞しました！　売れ行きも絶好調。うれしいです。これから先も、「オテル・ドゥ・ミクニ」や僕自身のことを知り、フランス料理に興味をもって、料理をつくったり食べたりするのが楽しいと感じてくださる方が増えれば最大の喜びです。

　YouTubeを始めた当初は、こんなに観てくれる方が増えるとは思ってもみなかったですし、本もここまで売れるとは想像以上でした。僕が自分をさらけ出し、楽しんでいるのが好感をもって受け入れられ、実際につくっておいしい！　と感じてもらえたのだと思います。書籍は一種のメモリアルというか、いつまでも手元に残しておけるものですし、料理を探したりつくり方を見たりすることが素早くできるところが便利なようですね。

　『三國シェフのベスト・レシピ136』ではYouTubeの一部しか紹介できていないので、2冊目として本書をお届けすることになりました。今回も、「簡単でおいしい」のキーワードは変わらず、本格フレンチから世界の料理まで幅を広げてパワーアップ。YouTubeで人気のレシピを107点集めて、わかりやすくまとめました。どちらにもおいしい料理がたくさんあるので、どちらから手に取っていただいても大丈夫です。僕たちがみなさんに貢献できることをもっともっと追求したいという思いが詰まっています。そして、「料理レシピ本大賞」の「大賞」を逃した悔しいという思いも！　いろいろなことがすべて僕のエネルギーになっています。

70歳の挑戦

　2022年末、「オテル・ドゥ・ミクニ」は37年の歴史にいったん幕を閉じました。23年と24年に、改めてふたつの新生ミクニの姿をお見せします。24年には僕も70歳。体力と気力にこれからどういう形で向き合っていこうかと考え始めた矢先、コロナ禍に巻き込まれ、それをきっかけに考えに考えて出した結論です。

　30歳間もない若さで独立し、みなさんにゼロからここまで大きく育てていただいたことに、感無量の思いです。人生にはいい時の上り坂、悪い時の下り坂、もうひとつ「まさか」っていう坂があるとよく言われます。まさにそのとおり。波に乗ったと思ったところでバブル崩壊、リーマンショック、3.11と、そのまさかに何度もやられました。再起不能の寸前までいって、そのつどやっとの思いで立ち直らせてきたんです。

　今回のコロナ禍も営業できない日が多く、もうダメかと思ったけれど、なんとか危機を乗り越えられた。今のまま「オテル・ドゥ・ミクニ」を続けて、いずれどなたかにバトンタッチする選択肢もあります。でも、自分でつくったものは自分の手でまっさらにもどしたい。最後まで見届けたいという、店への愛情です。

　そしてもうひとつ、この先を考えるなかでこみ上げてきたのが、もう一度自分で料理をつくり、直接お客さまにお届けしたいという思い。それは来世でやること、なんて思っていたけれど、70歳という節目を迎えようとする今がその時期だと思ったんです。8席規模の小さな店ですが、2024年、この場で再びみなさんをお迎えできる日を楽しみにしています。

目次

デザイン──── 岡本デザイン室＋志野原遥
撮影──── 日置武晴、楠本隆貴（帯、カバー前袖、P.2、
　　　　　14、137、160）
スタイリスト──── 岩﨑牧子
調理──── 加藤巴里
調理補助──── 三好弥生、岩下銀
編集協力──── 河合寛子
校正──── 円水社
器協力──── UTUWA（03-6447-0070）
編集──── 草柳友美子

だれでも簡単にできる **4** つのポイント

1 スーパーの食材でつくる

いつものスーパーで簡単に買える材料ばかりです。一部スーパーでは手に入らない調味料もありますが、大手ネット通販なら簡単に手に入ります。ほとんどの料理が思い立ったらすぐにつくれます。

また、財布にやさしい点も配慮。カニ肉の代わりにカニカマを使ったり、霜降り肉のような高級食材ではなく赤身牛肉をおいしく食べる調理法を紹介したり、ふだんの食材が生きるレシピが満載です。

2 時短テクニック

忙しい毎日での料理は、時短がうれしいもの。細かな工程を飛ばしたり、便利な調理器具や加工品の缶詰、冷凍食材、ソース、クッキー類を利用したりと、家庭料理なら許されることがたくさんあります。既製品は調味されていることも多いので、おいしくできるという味の保証も。本書ではそれらを積極的に使ったお役立ちレシピを数多く提案しています。

```
【時短ワザ】
●ピザ生地をフードプロセッサーでつくる
●玉ねぎを短時間でじっくり炒めたような味にする
●豚バラ肉スライスを使い、煮込み時間を短くする
●バターライスは炒めず、炊飯ジャーで炊く
【時短の食材と調味料】
●塩麹            ●冷凍パイシート
●デミグラスソース    ●ロータスビスケット
●オタフクお好みソース  ●天ぷら粉
●トマトペースト     ●フレーバーチーズ
●あらごしトマト缶    ●ガーリックパウダー
                ●ジンジャーパウダー
```

3 調味料で本格的な味に!

おうち料理もちょっぴり本格的な味にしてみたい!と思う方は多いでしょう。おすすめなのが料理をよりおいしくする調味料。

本書でもいろいろな例を載せていますが、いずれもネット通販で買うことができ、場合によっては代用品にしたり、使わないという選択肢もありというものばかりです。ひと味違うスペシャルな料理になるので、ぜひ挑戦してください。

```
【味や香りがぐっとよくなる調味料】
●てんさい糖
●ハーブ、スパイス……クローブ、ブーケガルニなど
●酢……白ワインビネガー、赤ワインビネガー、
       シードルビネガー、バルサミコ酢
●油……アボカドオイル、ヘーゼルナッツオイル、
       マカダミアナッツオイル、米油
●酒……ラム酒、ブランデー、カルバドス
```

4 初心者でも絶対失敗しないレシピ

フランス料理は難しそうなイメージがありますが、家庭料理は初心者でもできるものばかりです。ぜひ気軽に取り組んでください。

本書は、途中で多少焦げても、煮詰めすぎても、逆に足りなくても、加工品や調味料の力も借りながら、最終的においしくなるように計算したレシピです。安心してつくれます。

三國シェフの
料理のポリシー

1
うま味調味料を使わない

うま味調味料を使わないのが、僕のポリシーです。素材本来の味を楽しむのがフランス料理の醍醐味（だいごみ）ですからね。紹介している料理は、材料から出るうま味を最大限利用するレシピにしているので、それで十分においしいんです。

また、昆布とかつお節のうま味出汁、鶏手羽肉を使うチキンブイヨンなどは手間は増えますが、簡単ですからぜひつくってみて。

2
食材を使い切る、再利用する

最近は食材を無駄なく使う考え方が広まっていますが、僕から見るとまだまだ使い切っていません！

野菜類でいえば、しいたけの軸やパセリの茎、なすのヘタ、にんじんの皮と軸の根元、ほうれん草の根元などいっぱいありますよ。出汁をとった後の香味野菜や昆布を再利用するのも大事。味がよくて栄養もあるところを使わない手はありません。

三國シェフからアドバイス

「適量」は自分の味覚を知ることから

レシピに出てくる「適量」ってどれくらい？　とよく聞かれます。ぴったり「○○ｇ」のほうがわかりやすいと。たとえば塩加減、仕上げのチーズ、ハーブ、スパイスなど……。でもね、計量して出した数字がベストとは限らないんです。どれも「食べる人の好みの味」があるからベストの量は決めにくいんです。

一緒にワインを飲むかどうかでも適量は違いますよ。これは、料理人にとっては常識。ワインを飲むお客さんなら、塩味は濃いほうが料理をおいしく感じるので、少ししょっぱめに味つけします。反対にお酒を飲まない方には、あっさり目に。まずは、自分がどんな味を好きなのか？　自分の味覚を知って、適量を使いこなしてくださいね。

「焼き加減」「調理時間」は経験

適量と同じように、焼き加減や調理時間も判断が難しい、とよくいわれます。そう、プロでも難しいんです。そのつど素材の状態も違うし、気候やキッチンの環境、使う調理機器の影響も受けるから、「この火加減で、時間は○分」と明確にできないものなんです。

この加減がわかるようになるには、いっぱい経験し、そこから「勘」を養っていくしかない。当然、最初は失敗が多いです。でも、失敗をくり返すことで、絶対に加減、頃合いがわかってきます。答えはこれ以外にありません。みなさんも「失敗から学ぶ」ことを恐れずに、Ｇｏ！

料理の腕が上がる 11 のポイント

1
塩は「3回」で決める

塩味は1回で決めるものではありません。基本は3回。最初は素材の味を引き出す下味をつけ、途中でおおよその味をととのえる。3回目は仕上げ近くでふってピタリと決めます。味見をしながら少しずつ調整していくことが大事です。

2
下味の塩、こしょうは「肉は強め、魚はほどほど」

下味の方法は肉と魚で異なります。肉は強火で焼くことが多く塩がはがれやすいので強めにしますが、魚は海水にいるものなのでほどほどの量で十分。また、こしょうも白身の肉と魚には白、赤身の肉と魚には黒と、色みと味の相性で使い分けます。

3
サウンドが大事

プロの料理人は「音」で調理します。耳に入る音色や音の強弱で火力を判断するんです。何らかの音が聞こえてくると、素材に「呼ばれる」といって、その音で次にどうするかを判断する。音を聞き分けることも、料理上手になるために必要な力です。

4
にんにくは最初に入れない

にんにくはみじん切り、薄切り、1片まるごとなど切り方で香りの強弱を加減します。みじん切りはいちばん香りが強く出ますが、焦げやすいのが難。最初から油に入れず、他の材料を炒めた後に入れれば焦がすことなく香りが出て、火もきちんと入ります。

5
野菜は硬い順に入れる

数種類の野菜を鍋に入れる時は、硬い順がルールです。ほぼ同じタイミングのようでも、少しの時間差で火の通りが違ってきます。柔らかい野菜がべちゃっとなることもありません。また長さのある野菜も、根元と葉先などの部位に分けて硬い順に入れるとよいですよ。

6
白い料理は焼き色をつけない、茶色い料理は焼き色をつける

クリームシチューのような白い料理は、材料に濃い焼き色をつけないことが大事です。乳製品などの風味を損なわず、白く美しく仕上げるためです。一方、ビーフシチューのような茶色い料理は、しっかり濃い焼き色をつけることで色に深みを出し、香ばしい焼き目をうま味に変えます。

7
薄力粉はしっかり焼く

肉や魚に薄力粉をまぶして焼く料理はたくさんあります。粉が焼けて香ばしさが増し、後で加えた水分でとろみがついて、口あたりがよくなるおいしい調理法です。ただし、火入れが足りないと粉臭さが出るので、色づいて粉気が消えるまでしっかり焼いておくことです。

8
鍋の焼き目はおいしさの素

焼いたり炒めたりした後に鍋の底や側面にできる焦げつきのような焼き目は、おいしさの素。これが料理の重要な風味になります。水、出汁、酒、クリーム、野菜などを入れると、その水分で溶けるので、必ず「煮込む前に」ヘラなどできれいに汁に溶かしこんでください。

9
酒を入れたら軽く煮詰める

フランス料理ではワインやブランデーなどの酒をよく使います。香りやうま味を加えるのが目的ですが、アルコールは必要ないので鍋に入れたら沸騰させて飛ばします。その後は軽く煮詰めて風味を凝縮。これがフレンチ流のおいしさの秘訣です。

10
アクも力なり

えぐみや苦みを含むアクは基本は除きますが、うま味や油脂分もあるのでとりすぎは注意です。「アクも力なり」というように、多少のアクがあってこそ力強さが備わるもの。汁を沸騰させてアクをしっかり浮かせてから軽くすくい取ります。

11
鍋やフライパンの汁は 最後の一滴まで残さない

出来上がった料理の鍋やフライパンに残る煮汁、焼き汁はもちろん、調理中に出る焼き汁や、休ませている肉などからしみ出す汁もうま味と香りがいっぱいです。一滴も残さずゴムベラでぬぐい、ソースに加えたり、盛りつけ後にかけたりして無駄なく使い切りましょう。

切り方の基本

「押すか、引くか」の2つだけ

日本人は手先が器用で、包丁使いが上手です。みなさんもぜひ、得意技にしてください。包丁は魚をおろす際に骨ごと切る時は垂直に刃を下ろしますが、基本は押すか、引くかです。真下に切り下ろすと素材がつぶれて、見た目だけでなく味も損ないます。

●押す→ねぎ、なす、ズッキーニ、肉の皮、ベーコン、かぶ　など
●押して引く→りんご、トマト　など
●引く→魚介類　など

肉を切る時は「まな板を切る」

よく研いだ「切れる包丁」を使うのが一番ですが、切れなくなった包丁でも抜群に切れる方法——それが「まな板を切る」イメージ。肉ではなく、下のまな板を切るつもりで包丁を入れると、切れ味が抜群です。また皮付きの鶏肉は皮を下にするとすべらず切りやすいです。

ハーブはハサミで茎まで切って使う

欧米では魚や肉でさえもキッチンバサミで切ることが多いです。日本人は包丁優先ですが、ハサミも使い慣れると便利。とくにハーブや薬味野菜はまな板を使わずにすむし、茎も一緒にザクザク切れば無駄も出ません。多少のムラや雑な感じも味わいがあるというものです。

もっと料理上手になる知識と技

沸騰は、ガスが外側から、IHが内側から

煮込みなどでは鍋の中を沸騰させることがよくありますが、ガスコンロとIH機器では沸騰の工程が違います。ガス火は周囲から沸き始め、中心がぐつぐつしてきた時が沸騰状態。IH機器は逆で、中心から周囲へと広がっていきます。全体が沸騰してこそアクがよく出たり、素材に熱が伝わりやすくなったりするので、早まらず完全に沸くまで待ちましょう。

ガス火は「外側から」沸騰する。

中央も沸騰したら、完全に沸騰した証拠。

天板と型の間にアルミホイルをしく

耐熱容器をオーブン調理する時、クシャッと軽くしわを寄せたアルミホイルを天板にしいておくと安全です。容器が滑りにくくなります。調理後、天板を出す時に熱い容器が滑ると落下したり、やけどしたりする危険があるので、ぜひこの習慣を。

アロゼのやり方をおさらい

フランス料理では、肉や魚のソテー、ローストなどで頻繁にアロゼします。目的は、上面が乾燥しやすいので乾かないようにすること。油脂やソースの風味を素材に含ませながら、素早くジューシーに焼き上げることです。部分的に身が厚かったり、形が入り組んでいる素材では、ムラなく均一に火を入れられるメリットもあります。

フライパンを傾けて、底に溜まった油脂やソースを素材の上からかけます。

バターを上手に使うテクニック **6**つ

フランス料理で使う油脂は多いですが、なかでもバターは特別な存在。
豊かな香りとコクが、これぞフレンチという醍醐味を味わわせてくれます。
温度管理や加熱の方法を間違うと、焦がしたり水っぽくなったりと
せっかくの風味を生かしきれない繊細さもある食材。上手に使うコツを学んでください。

1 [準備] 冷たい状態で

指定がない場合、硬く冷たいものを使ってください。柔らかくなったバターは火を入れると焦げやすく、ミルキーな風味が失われます。ムース状の泡も出にくくなります。

2 [準備] 小さく切っておく

小さく切りそろえておいたほうが、均一に早く溶けるので、バターを焦がさずに焼いたり炒めたりできます。また、小さいとバターが足りない時に少量ずつ追加しやすいです。

3 中火で使う

バターは焦げやすいので基本は中火です。フライパンに手をかざして、お風呂に入るくらいの温度になったらバターを入れます。

4 ムース状にする

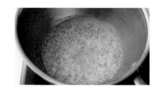

バターが溶けて泡（ムース）が立ち始めたら素早く肉や魚を入れて、泡の中で火を入れます。乳化して、香ばしい、しっとりした仕上がりになります。「ムース状＝バターが焦げない温度」ということも覚えておいてください。

5 フライパンを回して空気を入れる

肉でも魚でも、フライパンをゆすって材料を回しながら焼きます。回すと空気が入り、バターがよく泡立って焦げにくくなります。

6 ソースでは仕上げに入れる

バターをソースの風味づけや濃度をつける目的で使う場合は、「仕上がり直前」に入れるのが鉄則。バターが分離せず、またフレッシュな風味が残ります。バターを入れてからひと混ぜですぐに火を止めるくらいがベストです。

焦げるのが心配な人へ

●焼く時は最初にサラダ油と一緒にバターを入れると安心。

●バターを少量ずつこまめに入れると、泡が持続しやすく、焦げるのを防げます。

※本書のレシピはすべて食塩不使用のバターを使用しますが、有塩バターを使う時は、全体の塩の量を少なめにします。

ベシャメルソース

Sauce béchamel ▶YouTube #341

難易度
★★☆

調理時間
10分

🍥材料（つくりやすい分量）

牛乳 ……………………… 300ml
薄力粉 …………………… 30g
バター（食塩不使用）……… 30g

🍥つくり方

[準備] 牛乳を人肌に温めておく。
　◎冷たいとダマができてしまいます。

1　中火の鍋でバターを熱し、ムース状
　　になったら素早く薄力粉を加え、火
　　からおろしてヘラまたはホイッパー
　　でよく練る。
2　牛乳を少しずつ加え、よく混ぜる。
3　全体がよく混ざったら弱火にかけて、
　　濃度が出るまで素早く混ぜ続ける。
　　◎鍋底が焦げやすいので、牛乳を
　　入れたら液体を混ぜるというより
　　鍋底を混ぜます。

◎もしダマができたらザルでこしてくだ
　さい。
◎保存は1回分ずつラップに包んで、
　冷凍で1カ月が目安。

粉臭さをなくしてバターの香りを出すため、最初に
よく練る（炒める）ことが重要。でも、ホワイトソ
ースなので絶対に焼き色はつけないでください。

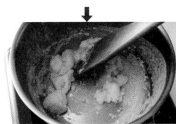

牛乳を入れる直前。

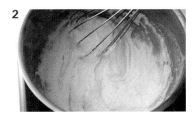

ベシャメルはコシが大事です。のりのような濃度に
なったら完成！

ベシャメルソースを使う料理

よく使う道具

道具は安いもので OK。
小さなグラタン皿なら
100 円均一ショップでも
購入できますよ。

❶スキレット
小ぶりの鋳物製フライパン。ニトリの15cmサイズです。保温性が高くて、素材をじんわり焼くのにぴったりです。焼きあがったらそのまま食卓に出してもおしゃれです。

❷フッ素樹脂加工のフライパン
昔のフライパンは鉄製やアルミ製が中心でしたが、最近は日本はもちろんフランスでもフッ素樹脂加工が重宝されています。こびりついたり焦げついたりがないので、油脂も少なくてすむし、使いやすいですね。

❸880mlパウンド型耐熱容器
肉料理でもデザートでも、焼いたり、冷やし固めたり、たびたび登場します。ぜひ手に入れてください。写真は耐熱ガラス製。

❹スプーン
材料を押さえる、裏返しにする、混ぜる、盛りつけるなどマルチに使えるスプーン。

❺ストウブの　マルチスプーン
ストウブ社のものはシリコン製で音が立たないのも利点。❹のスプーンで代用してもよいです。

❻タコ糸
詰め物をした丸鶏をまとめたり、自家製ハムをつくったり、ロール状に肉を丸めて焼いたりする時に使います。タコ糸で縛ることで形がきれいにととのいます。

❼鍋
煮込み料理には厚くて重い鋳物ホーロー鍋が適しています。最近愛用しているのは国産の「バーミキュラ」。密閉性が非常に高いので、短時間でも柔らかくおいしくできる点が気に入っています。

他によく登場するもの

●包丁は大と小があればOK
料理人は何種類もの包丁を使い分けますが、家庭では大小2本あれば十分に事足ります。硬い物、大型の素材は大きなサイズの包丁で、野菜やフルーツなど小型で柔らかいものは小さいペティナイフで。

●ミキサー、　フードプロセッサー
なめらかなスープやソースをつくる時には必須です。
◎材料が熱いままミキサーにかけると吹き出します。必ず粗熱をとってから入れましょう。
◎量がミキサーに一度に入らない時は、数回に分けて撹拌しましょう。
◎一気に最高速度で回すのではなく、初めは短く3回くらい回して材料をなじませ、混ざってきたら連続で撹拌します。

この本の使い方

新じゃがオーブン焼き
Pommes de terre primeurs rôties
à la suédoise ▶YouTube #725

難易度 ★☆☆　調理時間 45分

外はカリカリ、中はホクホク。
じゃがいも料理の概念が変わる！

スウェーデンのじゃがいも料理です。アコーディオン状に切り目を入れた丸ごとのじゃがいもにオイルをかけてローストするんですが、「ハッセルバックポテト」と呼ばれてます。春の新じゃがを使ってみましたが、表面がカリッカリに焼けて中はホクホク！ じゃがいもの印象が変わると思います。ハーブの他に、チーズやベーコンを入れてもいいですね。

●材料（2〜4人前）
新じゃがいも …………………… 3個
バター（食塩不使用）…………… 10g
塩、白こしょう ………………… 適量
ミックスハーブ（ドライ）……… 適量
オリーブオイル ……… たっぷりの量
バゲット ………………… お好みで
*ミックスハーブはGABANの「エルブ・ド・プロバンス」を使用。

●つくり方
【準備】オーブンを220℃に温めておく。バターは室温でポマード状にしておく。スキレットにクッキングシートをしく。
1 菜箸を平行においた上にじゃがいもを乗せて、じゃがいもの下まで切らないように5mm幅で切り込みを入れる。
2 スキレットにじゃがいもを並べ、切り目に塩、こしょうをふり、バターを塗り込む。オイルをかけて、ハーブをふる。
3 220℃のオーブンで30〜40分焼く。残り10分のところで一度取り出し、底に溜まったオイルをスプーンでかける。
*一般的な丸いなひなのじゃがいもなら、10〜15分追加して焼いてください。

バゲットと一緒に
ボナペティ〜！

●この料理にはコレ！ ロゼ
ボージョレ・ロゼ
Beaujolais Rosé
生産者：シャトー・カンボン
　　　　Château Cambon
生産地：フランス,ブルゴーニュ地方
冷しいボージョレのロゼです。僕も初めて飲みました、このシャトー・カンボンはすごいです。いちごの香り,それがなすいのか濃厚い感じもあります。

前菜
つけ
あわせ

101

菜箸が動かないように押さえながら。この切り方は、フランス人もよくやるんですよ。

YouTube #000

YouTube チャンネル「オテル・ドゥ・ミクニ」の動画タイトルに使われている料理の番号を記載しています。動画でも確認したい場合は、YouTube チャンネル「オテル・ドゥ・ミクニ」のページで「＃番号」を検索すると便利ですよ。

難易度★☆☆〜★★★

手順の数、使う道具の数、材料の手に入りやすさ、テクニックが必要かどうか、調理時間の長さなどで★☆☆〜★★★に分けています。つくる前の参考にしてください。

つくり方の写真

言葉だけでは伝わりにくい工程は、写真でわかりやすく解説しています。

つくり方の◎について

三國シェフによるテクニックのポイント、おいしくするポイントを紹介しています。つくり方の手順だけでなく、ここを読むことでさらに料理が上達しますよ。

材料下の＊について

代用品の追加情報、三國シェフおすすめの商品、撮影で実際に使った商品名など、気になる材料についての情報を記載しています。より本格的な味を楽しみたい方はぜひ、記載の食材を手に入れてみてください。

この料理にはコレ！

YouTube で実際にペアリングした飲み物の他、新たに紹介する飲み物もたくさんあります。どれもスーパーやネット通販で買えるお手頃価格のものばかりなので、ぜひ料理と一緒にお試しください。

ボナペティ〜！ の後の◎について

アレンジ料理のアイデアや、料理の保存方法、上手な食べ方、レストランでの本来の調理方法、上級者向けのアレンジなど、レシピに関するさまざまな追加情報を記載しています。読むことでさらにフランス料理の知識や楽しみが増えます。

＊具体的な商品の情報は 2022 年 12 月現在のものです。
＊小さじ1＝5ml、大さじ1＝15ml、1カップ＝200ml です。
＊オーブンやトースターは機種によって性能が異なるため、温度や時間は目安としてとらえてください。
＊料理の保存期間は、食材の状態やつくった環境によっても異なるため、目安ととらえてください。
＊肉の下処理の工程は省略しています。
＊生クリームは、乳脂肪分 47％を使用。
＊オリーブオイルはエクストラ・ヴァージンを使用。

絶品料理ベスト10

10 Plats délicieux

鶏むね肉の
にんにくレモンクリーム

Poulet crémeux à l'ail et au citron ▶YouTube #615

難易度	調理時間
★★☆	30分

火力がポイント！
鶏むね肉をしっとりおいしく仕上げる。

日本人は鶏もも肉が好きですが、フランスではどちらかというとむね肉が好まれます。レストランでもよく使われます。ただ、火を入れるとパサつきやすいとみなさん、おっしゃいますね。そこで、しっとりおいしく仕上がるクリーム煮をお教えしますよ。ポイントは火加減。中火で肉を焼いて一度取り出し、玉ねぎを炒めたところにもどして生クリームを加え、弱火で煮詰めていきます。煮汁がとろっとしてきたらできあがり。むね肉はしっとりグーです。

🍳材料（2人前）

鶏むね肉	1枚（約300g）
玉ねぎ（薄切り）	½個
にんにく（みじん切り）	½片
レモン汁	小1個分
生クリーム	½カップ
パセリ（みじん切り）	ひとつかみ（6g）
バター（食塩不使用）	30g
塩、白こしょう	適量
薄力粉	適量

🍳つくり方

[準備]鶏むね肉は肉叩きかラップを巻いた瓶でやさしく叩き、全体を同じ厚さにする。軽く塩、こしょうをふり、薄力粉をまぶしておく。
◎肉叩きや瓶の重さを利用してふり下ろすようにすれば、ちょうどよい力が加わります。
◎薄力粉はバターで焼くと香ばしくなります。

1 中火のフライパンにバター（半量）を熱し、鶏肉を皮から焼く。皮に焼き色がついたら裏返して、少し火を弱めて軽くアロゼ（P.11参照）して、取り出す。
◎薄力粉は焦げやすいので心配な方はオリーブオイル（少量、分量外）も入れてください。
◎火力がポイント。強火で焼くとパサつきますし、弱火だと香ばしさが出ません。

2 同じフライパンに残りのバターと玉ねぎを入れて炒める。にんにくを加え炒める。
◎白い料理なので玉ねぎに色がつきすぎない程度に炒めてください。同じフライパンを使うことで、玉ね

ずっとフライパンの中に入れておくとパサつくので、この程度焼けたら取り出します。

ぎに鶏肉の香りが移るのがミソです。

3 玉ねぎがまだしゃきっとした状態で1の鶏肉をもどし、生クリームを加える。弱火で約12分、アロゼしながら鶏肉に火を通す。仕上げにレモン汁、パセリを加えて煮詰める。
◎煮詰まりそうなら水を加えて、中火で再度煮詰めてください。
◎レモンを加えた後は、あまり動かさず、煮詰めすぎないように注意してください。分離してしまいます（それでもおいしいですけど）。

鶏肉を切ってソースの上に並べたら、ボナペティ〜！

🍽️**この料理にはコレ！** 白ワイン

ヴィレ・クレッセ ヴィエイユ・ヴィーニュ　Viré Clessé Vieilles Vignes
生産者：ドメーヌ・オリヴィエ・メルラン　Domaine Olivier Merlin
生産地：フランス、ブルゴーニュ地方
品種はシャルドネで、ほのかなレモンの香りがします。皮の香りもありますね。
この鶏肉料理には最高。めちゃめちゃおいしいです。

にんにく卵スープ

Soupe à l'ail avec œuf poché ▶YouTube #511

難易度	調理時間
★★☆	45分

※バゲットを焼く時間、ポーチドエッグをつくる時間は除く

玉ねぎのうま味を引き出して、とろとろの卵とパンを上に。

大人気のオニオンスープとにんにくスープを合体させて、シェフ自慢のポーチドエッグをのせちゃいました。スタミナのつく「にんにく卵スープ」です。ブイヨンなしで、玉ねぎの甘みとうま味を引き出したスープに、汁を吸ってとろんとしたバゲットとポーチドエッグが山盛り！ 熱々だから、フーフーして食べてくださいね。きのこを入れてもグーです。寒い季節にぜひトライしてください。

🍳材料（2人前）

にんにく（芽を除いて薄切り）……… 4片
玉ねぎ（薄切り）…………… 大1個
ベーコン（角切り）…………… 40g
水 ……………………… 2カップ
ポーチドエッグ …………………… 2個
バゲット（1cm厚さ）…………… 4切れ
ピザ用チーズ ………… お好みの量
塩、白こしょう …………………… 適量
オリーブオイル …………… 大さじ1
＊バゲットがなければ食パンをカリッと焼いてもOK。

🍳つくり方

[準備]バゲットはトースターで焼いておく。

　◎お好みで表面ににんにくをこすりつけてもおいしいです。

1 中火の鍋でオリーブオイルを熱し、玉ねぎに塩を少々ふって約5分炒める。途中、玉ねぎがしんなりしたらにんにくを加え、にんにくに軽く火が通ったら、ベーコンを加える。
　◎最初に塩を入れ、よく炒めることで玉ねぎから水分を出すのがポイント。

　◎オニオンスープのイメージなので、玉ねぎは色がつくまでしっかり炒めます。最初は丁寧によく混ぜます。

2 鍋についた焼き目を玉ねぎでおおい、少しおいてからよく混ぜて焼き目を溶かす。
　◎途中からは時々放っておくと鍋底に焼き色がつきます。それを玉ねぎの水分で洗い落とすように炒めます。じっくり気長にやります。短時間で焼き色をつけ、味を引き出す裏技です。焦げそうなら火を止めてください。

3 水を加えて強火にし、沸騰させる。弱火にし、塩、こしょうをふり、約15分コトコト煮込む。塩、こしょうで味をととのえる。
　◎水を入れてからも、鍋の焼き目を落とすようによく混ぜます。

4 器にスープを注ぎ、バゲット、ポーチドエッグ、チーズをのせる。トースターでチーズに焼き色がつくまで焼く。

ボナペティ〜！

　◎スープだけつくって冷凍しておけば、いつでも焼けますよ。

● ● ● ● ● ● ● ● ● ● ● ● ●
ポーチドエッグ

Œufs pochés ▶YouTube #096

難易度	調理時間
★☆☆	3分

※湯を沸騰させる時間は除く

🍳材料（2人前）

卵 ………………………………… 2個
水 ………………………………… 1ℓ
酢 ……………………………… ½カップ

🍳つくり方

1 鍋に湯を沸騰させ、酢を加え再び沸騰させる。卵を器に割り、器を少し湯に入れながら割った卵を鍋の端に静かに入れる。約2分茹でる。
　◎鍋の端に入れると、卵白がちらずに勝手にきれいな形にまとまります。湯は鍋の側面から沸騰し中心へ対流するので、卵を真ん中に入れると白身がぶわーっとちってしまうんです。これがプロのテクニックです！（もっと詳しく知りたい方は『三國シェフのベスト・レシピ136』のP.112参照）

ベスト
10

塩麹塩豚

Porc salé ▶YouTube #515

難易度	調理時間
★☆☆	80分

※パセリソースをつくる時間、漬け込む時間、室温で冷ます時間は除く

一晩漬けて茹でるだけでとろっとろ。煮汁まで楽しみ方もいろいろ。

塩麹で漬けて茹でるだけの塩豚！とろとろに柔らかいです。塩加減も最高。パセリソースを添えましたが、塩豚だけでも十分においしいです。ベーコンやハムをつくるには何日も熟成させないといけませんけれど、塩麹の発酵の力を借りれば1日で完成。家庭料理にピッタリの調理法ですね。冷製より、ほんのり温かいうちに食べるのがおすすめ。

◉材料（4〜6人前）

豚バラ塊肉 ················· 700g
塩麹 ····················· 40g
天然塩 ····················· 40g
ローズマリー（フレッシュ、なければドライ）
 ····················· 2〜3枝
レモンの皮 ················· 1個分
しょうがの皮 ················· 2片分
水 ····················· ひたひたの量

パセリソース（P.114）······· お好みで
＊塩は必ず天然塩を使ってください。
＊レモンとしょうがは中身を使ってもいいんですが、皮だけとっておいてこういう時に利用します。香味野菜を入れるのも効果的です。

◉つくり方

1 豚バラ塊肉に塩、塩麹をたっぷりつけて、ローズマリーをのせ、よく揉み込む。ラップをして一晩漬け込む。
◎一晩漬け込むことで水分と臭みが出てきます。

2 豚肉から出た水分をキッチンペーパーで拭き取る。鍋に入れ、水、レモンの皮、しょうがの皮を加えて煮込む。沸騰したら軽くアクをとり、弱火で45分〜1時間煮込む。室温で冷ます。
◎生温かいうちに食べるほうが香りが立っていていいと思います。残ったら冷蔵庫で保存して、食べる時に電子レンジで温めるといいですよ。

厚めに切り分け、パセリソースを添えたらボナペティ〜！

◎ステーキ、焼き肉、ラーメンの具にしてもおいしいです。
◎煮汁はいい味が出ているので、スープをつくるとか、カレーに使うとか、いろいろな料理に利用してください。塩と塩麹で漬けただけなのですごく薄味です。

ベスト
10

◉この料理にはコレ！ 白ワイン

ビーニャ・レアル ブランコ フェルメンタード・エン・バリカ
Viña Real Blanco Fermentado en Barrica
生産者:ビーニャ・レアル　Viña Real
生産地:スペイン、リオハ・アラベサ
木樽で発酵させたスペインワインです。樽香の他にアプリコットの香りとレモンの酸味もあって最高。ダブルグーです。

クラシックな マカロニグラタン

Macaronis au gratin ▶YouTube #556

難易度 ★★☆

調理時間 30分

マカロニを牛乳で茹でる! このねっちょり感がフランスらしい。

みなさんの大好きなマカロニグラタンですよ。今回はフランスのシェフたちがつくるクラシカルな方法です。最初にマカロニを、水ではなくて牛乳で茹でる……というより煮ます! マカロニのデンプン質が溶け出た牛乳でソースをつくるので、仕上がりはねっとり。マカロニもねっちょり。フランス人はこういう濃厚なグラタンが好きなんです。

●材料（4人前）

マカロニ ………………………… 200g
牛乳 ……………………………… 700ml
にんにく（みじん切り） …………… 1片
ベシャメルソース
　バター（食塩不使用） ………… 40g
　薄力粉 ………………………… 30g
　ナツメグ ………………………… 適量
塩、白こしょう ………………… 適量
粉チーズ ………………………… 50g

●つくり方

[準備] バター（分量外）は室温でポマード状にしておき、グラタン皿に塗る。オーブンは200℃に温める。
◎グラタン皿のバターは焼いている間に溶けるので、均一に塗らなくても大丈夫。

1 大きめの鍋に牛乳、にんにくを入れ、軽く塩、こしょうをふり強火にかける。沸騰する直前にマカロニを加える。沸騰したら弱火にして、表示の茹で時間より2分短く茹でる。ザルを重ねたボウルに中身をあけて、マカロニと牛乳を分ける。
◎後でオーブンで焼くので茹で時間は短めに。
◎マカロニのデンプン質が牛乳に溶けるので、仕上がりが水っぽくなりません。

2 同じ鍋を使い、1の牛乳でベシャメルソースをつくる（P.13参照）。塩、こしょう、ナツメグを加え、とろみがつくまで煮る。
◎濃度はお好みで。とろみの少ないうちに火を止めてもよいです。

3 マカロニを加え混ぜ、グラタン皿へ。チーズをふりかけ、200℃のオーブンで10分焼く。

ボナペティ～!

◎好きな野菜や肉、魚を入れてもおいしいです。

ベスト 10

●**この料理にはコレ!** シャンパーニュ

シャルル・ラフィット ブリュット 1834 Charles Lafitte Brut 1834
生産者：シャルル・ラフィット　Charles Lafitte
生産地：フランス、シャンパーニュ地方
白桃やかりん、ピンクグレープフルーツの香りがします。カラメルを少し感じる香ばしさもあってグラタンによく合います。

焼きかぶ

Poêlée de navets ▶YouTube #598

難易度	調理時間
★★☆	25分

じっくり丁寧に焼くのがポイント！ 甘くてジューシーなつけ合わせ。

フランスなど欧州の人たちはかぶが大好きです。旬の冬には、かぶで始まってかぶで終わるというくらいによく食べますね。厚く切ってじっくり焼くだけで、めちゃめちゃおいしくなります。日本のかぶはみずみずしいので、長く焼いてもしっとり。葉も茎も栄養があるから、一緒に焼いて食べましょうね。つけ合わせにもう一品！ という時に重宝しますよ。

材料（2人前）

かぶ ……………………………… 3個
塩 ………………………………… 適量
オリーブオイル …………… 大さじ1

3種の香り塩（P.114）……… お好みで
＊かぶのひげ根が長ければ長いほど、栄養分をよく吸っていておいしいです。

つくり方

[準備] かぶをよく洗い、ひげ根は切り落とし、茎を1〜2cm残して4等分のくし形に切る。切り落とした茎は2等分にし、葉と分けて、ひげ根と一緒にとっておく。

◎フランスのかぶは皮が厚いので使いませんが、日本のものはとても柔らかくみずみずしいので、皮はそのまま使います。葉は栄養価が高いので一緒に食べましょう。

◎薄く切ると早く焼けてバタバタしますが、厚く切っているので余裕をもって焼けますよ。

1 かぶをボウルに移し、塩、オリーブオイルをかけて混ぜ合わせ、軽くマリネする。

2 フライパンを火にかけて、すぐにかぶを並べる。一度強火にして、かぶから水分が出てきたら中火にしてじっくり約5分焼く。

◎かぶはすぐに焼けるので、フライパンが熱くなる前に入れます。ボウルに残ったオイルもしっかりフライパンに入れます。

◎焼き目をつけるポイントは、触らないこと。全部に焼き色がつくまでじっと我慢します。

3 フライパンに接しているかぶの縁に焼き色がついてきたら、ひっくり返してもう片面も約5分焼く。最後に皮の面を約5分焼きながら、フライパンの隅で茎とひげ根を炒める。焼けたら取り出す。

◎火が強いと焼き色だけついて火が通りません。火が弱くても水分が出るだけでいつまでたっても焼き色がつかないので、火加減に気を配りましょう。

◎油が少なかったら途中で追加してください。

4 同じフライパンに葉を広げて並べ、カリッと焼く。

香り塩を添えてボナペティ〜！

ベスト10

この料理にはコレ！ 白ワイン

シュロス・ヨハニスベルク リースリング ゲルブラック トロッケン
Schloss Johannisberg Riesling Gelblack Trocken
生産者：シュロス・ヨハニスベルク　Schloss Johannisberg
生産地：ドイツ、ラインガウ
ドイツのリースリングです。辛口の味わいにちょっと甘みを感じさせる風味があります。白桃と柑橘の香りが心地よいです。

三國流ハヤシライス

HAYASHI-RICE ▶YouTube #418

難易度	調理時間
★★½☆	12分

お好みソースと醤油が隠し味！
短時間で簡単おいしい洋食の完成。

10分くらいでできる簡単＆おいしい三國流ハヤシライスですよ。ルウを使わずコクが出せるのは、デーツ入りお好みソースの力！　そして醤油も大事な隠し味です。牛コマ肉、玉ねぎ、マッシュルームを炒めてさっと煮るだけで、こんなにおいしくできるなんて最高。日本生まれの洋食の逸品を楽しみましょう。

🍖材料（3〜4人前）

牛コマ肉 ……………………… 300g
マッシュルーム（厚切り） ……… 100g
玉ねぎ（厚めのスライス） ………… 1個
お好みソース（オタフク） ……… 50g
トマト缶（あらごし） …………… 50g
ブランデー（なければウイスキーやビールでも）
………………………………30ml
水 ……………………………… 1カップ
バター（食塩不使用） ………… 30g
醤油 ……………………… 大さじ1
塩、黒こしょう ……………… 適量
薄力粉 …………………………… 適量
ご飯 …………………………… 人数分
＊マッシュルームはブラウンでも白でもどちらでもOK。
＊トマト缶はKAGOMEの「濃厚あらごしトマト」を使用。

🍳つくり方

[準備] 牛コマ肉に軽く塩、こしょうをふり、薄力粉をまぶす。パラパラとほぐしておく。
　◎薄力粉をつけることでソースにとろみがつきます。

1 中火のフライパンにバター（半量）を熱し、玉ねぎを色がつくまでじっくり炒める。
　◎本来は牛肉を最初に入れるんですが、薄いコマ切れはすぐに火が入るので、先に野菜を炒めます。
　◎ポイントは玉ねぎをよく炒めること。茶色いソースなのでちょっと色がついても構いません。

2 強火にしてマッシュルームを加える。軽く炒めたら、野菜を端に寄せて空いた場所で牛肉を広げて炒める。軽く炒めたら全体を混ぜ、ブランデーを加える。続けてトマト缶、お好みソースを加えよく混ぜる。水を加え、強火で約5分煮込む。
　◎牛肉はすぐに火が入るので、炒めた時は少し赤みが残っているくらいで大丈夫です。

3 仕上げに残りのバター、醤油で味を決める。

炊きたてのご飯にかけたら、ボナペティ〜！

◎バターライスに合わせても。

ベスト
10

🍷この料理にはコレ！ 赤ワイン

アルデッシュ レ・マルコス ルージュ
Ardeche Les Marecos Rouge
生産者：ミシェル・サヴェル（エルヴェ・スオー）
　　　　Michel Savel (Hervé Souhaut)
生産地：フランス、ローヌ地方
ハヤシライスのような庶民派料理にも、ちょっとおしゃれに赤ワインを。軽いですが、プラムの香りがしてエレガントです。

黒こしょうステーキ

Steak au poivre ▶YouTube #448

難易度 ★☆☆
調理時間 25分

マスタードソースにぴりっと黒こしょうをきかせて。肉もソースもおいしすぎて感動の声続出!

夏にもおすすめのステーキです。赤身の牛肉ならたっぷりの量を食べられるので、ここではアンガス牛の厚切りを焼きます。以前、グリーンペッパーのステーキをYouTubeで紹介したら、驚くほどバズりました! だから、今回は黒こしょう。粗びきを両面にいっぱい貼りつけて香ばしく焼きます。蒸し暑い夏に、こしょうステーキでパワーを注入してください。

◉材料（1〜2人前）

牛ステーキ肉 ………………… 300g
バター（食塩不使用） …………… 15g
塩 ……………………………… 適量
黒こしょう（ホール、または粗びき）
　…………………………………たっぷり
オリーブオイル ………… 大さじ½
ソース
　生クリーム ……………… ¼カップ
　ディジョンマスタード（なければ粒マ
　　スタード、からし）……… 小さじ1
　レモン汁 ………………………… 数滴

◉つくり方

[準備] こしょう（ホール）はすり鉢を使うか、鍋を重ねてつぶしておく。

1　牛肉の脂身に隠し包丁を格子状に軽く叩くように入れる。両面に塩、こしょうを多めにふり、押しつける。室温で10〜15分おく。
◎隠し包丁を入れることで、脂が出やすく焼きやすくなります。
◎塩、こしょうは焼くとはがれてくるので、貼りつけるように押しつけます。

2　強火のフライパンにオリーブオイルを熱し、牛肉を立てて脂身をじっくり焼く。一面ずつ焼き色をつけ、最後の面を焼く時に中火にして、バターを加え、アロゼ（P.11参照）しながら焼く。取り出し、温かいところにおいておく。
◎本来はバターだけで焼き上げますが、今回はとても厚い肉なので最初にオリーブオイルを使います。
◎強火でも中まで火は入らないので、強火で表面に焼き色をつけます。脂がスモークになって、非常に香りよく焼けます。

3　フライパンに残った脂を捨て、生クリームを入れ煮詰める。沸騰したらマスタード、レモン汁を加えてホイッパーで混ぜ合わせる。
◎マスタードを入れるととろみがつくので、すぐ火を止めます。ソースの濃度を濃くしたければ、⅓量まで煮詰めてください。

ソースをしいた上にステーキをのせてこしょうをふったら、ボナペティ〜!

◎レストランでは粒こしょうを大きい鍋に入れて、小さい鍋で押しつぶして粗びきにすることが多いです。

ベスト
10

◉**この料理にはコレ!** 赤ワイン

シャトー・オー・ド・ラ・ベカード　Château Haut de la Bécade
生産者:シャトー・オー・ド・ラ・ベカード　Château Haut de la Bécade
生産地:フランス、ボルドー地方
ステーキといえばボルドーです。大好きなワインです。これはカシスの香りがあって、口の中の黒こしょうをさーっと流し、さっぱりさせてくれます。

塩豚バラのキャラメリゼ

Poitrine de porc caramélisée ▶YouTube #516

難易度	調理時間
★☆☆	10分

※塩麹塩豚とさつまいもの
ピューレをつくる時間は除く

カリカリの脂に濃厚なカラメリゼ。食べ始めたら止まらない！

塩麹でつくった塩豚を香ばしくカラメリゼします。美しいつやが出て、カリッとして、はちみつや醤油の甘じょっぱい味が加わり、北京ダックに似た中華風の味わい。中は対照的に真っ白でしっとりのままです。甘みを抑えたさつまいものピューレにちょっと黒こしょうをきかせて一緒に食べれば、相性ばっちりでダブルグーですよ！

🍖材料（4〜5人前）

塩麹塩豚（P.22）................ 400g
A┌ はちみつ 5g
　├ てんさい糖 5g
　├ 白ワインビネガー 30ml
　├ 白ワイン .... ¼カップ
　└ 醤油 大さじ1
ローズマリー（軸を除く）.......... 1枝

さつまいものピューレ（P.115）.. 適量
万能ねぎ（小口切り）.............. 少々
黒こしょう .... お好みで
＊はちみつは、僕の大好きな藤原養蜂場の「皇居周辺蜜（国産）きんかん」を使用。

🍳つくり方

[準備] 塩豚はキッチンペーパーで水分をよく拭き取る。ボウルに**A**を混ぜ合わせておく。
◎塩豚をカリカリに焼きたいので、水分をしっかり拭き取っておきます。

1 中火のフライパンで、塩豚を脂身からじっくり焼く。全面をしっかりカリカリに焼く。
◎最初から強火だと焦げそうであわててしまうので、フライパンが冷たいうちに塩豚を入れます。
◎塩豚の凸凹の部分は、向きを変えたり、上から押しつけたりすると均等に焼き色がつきます。後でカラメリゼするので焼き色は強めに。

2 塩豚に**A**をかけて、ローズマリーの葉をのせる。強火で煮詰めながらアロゼ（P.11参照）する。
◎塩豚から出てくる脂も味になるので、そのままアロゼしてカラメリゼします。
◎ローズマリーは早めに入れると焦げるので、このタイミングで。

さつまいものピューレを添えて、ねぎをのせる。お好みで黒こしょうをふったら、ボナペティ〜！

ベスト
10

🍶この料理にはコレ！ その他

紹興酒　Vin de Riz de Shaoxing
肉をカラメリゼすると北京ダックのような味わいが出るので、紹興酒を合わせます。もち米が材料の紹興酒にはキャラメルや八角のような香りがあり、この料理にピッタリです。

鶏手羽元のポトフ

Pot-au-feu de pilons de poulet ▶YouTube #507

難易度	調理時間
★☆☆	60分

※漬け込む時間は除く

透明なスープがポイント！
塩だけなのに驚くほどおいしいスープ。

鶏の手羽元と野菜でつくるポトフです。透明で美しく、うま味たっぷりのスープがたまりません。うま味調味料を使わずに、これだけおいしい出汁ができるなんて感動ものですよ。鶏肉のイノシン酸と野菜のグルタミン酸がスープに凝縮していて、ピュアで深みのある味です。野菜の香りもよいし、手羽元もうまい！ 40分コトコト煮るだけでできちゃいます。

🔘材料（2～3人前）

鶏手羽元	10本
にんじん（皮つきを乱切り）	1本
じゃがいも（皮つき）	小2～3個
玉ねぎ（4等分のくし形切り）	1個
セロリ（5cm長さ）	1本
キャベツ（半分のくし形切り）	¼個
クローブ	1本
塩麹	60g
塩	10g
水	2ℓ
塩、白こしょう	適量
ディジョンマスタード（なければからし）	お好みで

＊野菜は、お好きなもので何でもいいです。玉ねぎとキャベツは、煮込んだ時にばらばらにならないように、芯をつけたまま切ります。
＊じゃがいもはメークインを使用。

🔘つくり方

[準備] 鶏手羽元は、塩麹、塩（10g）でマリネして一晩おく。玉ねぎにクローブを刺しておく。
◎塩麹で漬けると味がよく染みますし、肉質も柔らかくなります。また、余分な水分も出て、その水分を拭き取ると臭みも取れるという、一石三鳥でございます！

1 キッチンペーパーで鶏肉の水分をよく拭き取り、骨の近くにハサミで切り目を入れる。
◎鶏肉から出てきたぬめりもしっかり拭き取るのがポイントです。
◎切り目を入れることで、火が通りやすく、骨からはがれて食べやすくなります。

2 強火の鍋に水、鶏肉を入れて強火にかける。沸騰したら中火にして、塊になったアクをとる。野菜を硬い順に全部入れ、強火にする。塩、こしょうをふる。沸騰したら弱火で、ふたをせず約40分コトコト煮込む。仕上げ間際に味をみて、塩、こしょうでととのえる。
◎鶏肉はアクがどんどん出てきます。透き通ったスープにしたいので、アク同士がくっついて塊になるまで待って、丁寧にとるのがポイントです。

マスタードを添えて、ボナペティ～！

ベスト
10

じゃがいものテリーヌ
Terrine de pomme de terre ▶YouTube #538

━難易度━
★★☆

━調理時間━
100分

※焼いた後の冷ます時間は除く

簡単なのにおしゃれ！
じゃがいもの水分をよく拭き取るのがポイント。

じゃがいも料理は数多くつくっていますが、このテリーヌはすぐれものです。薄切りを味つけしてベイクするだけですが、グーです！　ベーコンとチーズを混ぜるので、ふり塩を薄めにするんですけれど、これがちょうどよい加減。形もきれいに残って、ガラス製の型を使うとまるでポテトケーキですよ。焼きたては崩れやすいので、冷ましてから切り分けてください。

●材料（880mlのパウンド型1個分）

じゃがいも …………………… 550g
ベーコン ………………… 8～10枚
ピザ用チーズ（細切りタイプ）…… 30g
にんにく（みじん切り）…………… ½片
タイム（フレッシュ）…………… 少々
バター（食塩不使用）…………… 30g
塩、白こしょう ………………… 適量
＊ベーコンは鎌倉ハムを使用。

●つくり方

[準備] 型にクッキングシートをしく。バターは室温でポマード状にしておく。オーブンは180℃に温めておく。じゃがいもは皮をむいたらキッチンペーパーで水分をよく拭き取り、スライサーで薄切りにする。

1 バットにじゃがいもを広げて入れ、再度キッチンペーパーで水分をよく拭き取る。軽く塩、こしょうをふり、混ぜる。にんにく、チーズ、タイムの葉を加えて混ぜ合わせる。
◎じゃがいもは水分をよく拭き取ると、デンプン質でくっつきやすくなります。
◎チーズとベーコンを使うので、塩は少なめで大丈夫です。
◎タイムはやさしくしごくだけで枝から葉が取れます。

2 型にバターを塗り、ベーコン6～8枚を脂身の向きをそろえて少し重ねながらしく。1を平らに詰める。こぶしで型に押しつけて具材同士をよく密着させる。残ったバターを上に塗って、最後にベーコン2枚を並べるようにかぶせる。
◎ハンドパワーで力を入れてよく押しつけてください。バターを上にのせると、じんわり中まで染み込んで、めちゃめちゃおいしくなります。

ベーコンは型の長辺に垂直に並べていきます。両端が型から少しはみ出す感じです。

3 アルミホイルを二重に巻いて包み込み、180℃のオーブンで1時間30分焼く。しっかり冷めたら型から抜く。
◎包む時に型から出ているベーコンやクッキングシートは内側に折りたたみます。

ボナペティ～！

ベスト
10

●この料理にはコレ！ 白ワイン

コンティノ ブランコ　Contino Blanco
生産者:クネ　C.V.N.E.
生産地:スペイン、リオハ・アラベサ
飲む前から香りが迫ってきます。メロンなどの華やかな香りで、飲み口も非常にさわやかでおいしい。スペインの3品種、ビウラ、ガルナッチャ・ブランカ、マルヴァジーアでつくられています。

肉料理

Volailles
Porcs
Bœufs

豚肉ローストの
レモンパセリクリームソース

Sauté de porc à la crème ▶YouTube #528

難易度 ★★☆
調理時間 15分

厚い肉をソースで柔らかく！
レモンとパセリでさっぱり。

豚肉は薄切りをクリーム煮にすることが多いですが、これは厚いままでボリュームを出しています。ささっと焼き目をつけ、ソースの中で軽く煮るので、厚いのに柔らか、しっとり！ソースも生クリームにレモン汁をきかせているのでさっぱりしておいしいです。ご飯、バターライス、パスタなど何を組み合わせても合います。鶏肉バージョンもいいですよ。

🍳材料（2人前）

豚ロース肉（とんかつ用）………… 2枚
生クリーム ………………… ½カップ
レモン汁 ………………… 大さじ2
白ワイン ………………… 大さじ2
にんにく（みじん切り）………… ½片
パセリ（みじん切り）………… 2枝
ガーリックパウダー ……… 小さじ½
バター（食塩不使用）………… 20g
塩、白こしょう ……………… 適量
薄力粉 …………………… 大さじ1

🍳つくり方

[準備]豚ロース肉は縮まないように脂身側に包丁で切り目を入れて、両面に軽く塩、こしょう、ガーリックパウダーをふり、薄力粉をまぶす。
　◎包丁の刃でトントンと叩くようにして肉の筋を切ります。薄力粉はよくはたいておいてください。

1 中火のフライパンでバターを熱し、豚肉を入れる。一度強火にして片面に焼き色をつけたら、中火にして反対の面にも焼き色をつけ、取り出す。フライパンの余分な油を捨てる。
　◎後でソースの中で火を通すので、ここでは焼き色をつけるだけで十分です。つけた粉をバターで香ばしく焼き上げるイメージ。薄力粉とバターはとっても相性がいいです。

このくらいの焼き色です。

2 同じフライパンに白ワイン、にんにく、生クリーム、レモン汁の順に入れて、すぐに1の豚肉をもどし、3〜5分煮詰める。皿に豚肉を盛りつける。
　◎豚肉の肉汁も忘れずフライパンにもどしてください。

3 フライパンのソースにパセリを加え混ぜて、塩、こしょうで味をととのえる。

ソースをたっぷりかけたら、ボナペティ〜！

肉
イチオシ

🍷この料理にはコレ！ 白ワイン

コロンビア・クレスト グランド・エステーツ シャルドネ
Columbia Crest Grand Estates Chardonnay
生産者：コロンビア・クレスト・ワイナリー
　　　　Columbia Crest Winery
生産地：アメリカ、コロンビアバレー
アメリカのシャルドネです。オーク樽の香りに続いて、ちょっとりんごの味がします。なかなかリッチな白ワインですよ。

ミクニフライドチキン

Poulet frit ▶YouTube #566

難易度	調理時間
★★☆	35分

オーブンでカリカリに仕上げる！大人のスパイシーチキン。

スパイス好きな人にはたまらない、スパイシーフライドチキン！ 揚げて、仕上げにオーブンで焼いてカリッカリになっております。二度揚げする方法もありますが、事前に揚げて、食べる直前に焼けばホームパーティーなどでも便利ですよ。この料理も塩麹で揉んでから衣をつけるので、中はジューシーで柔らか。スパイスがかなりきいているので、オトナ向けです。

🌀材料（4人前）

鶏もも肉（骨つき） ················· 2本
鶏むね肉 ······················· 2枚
下味
　塩麹 ························· 60g
　ガーリックパウダー ······· 小さじ1
　ジンジャーパウダー ······· 小さじ1
　黒こしょう（ホールをつぶす、または粗びき）
　························· 小さじ1
卵液
　牛乳 ····················· ½カップ
　卵 ·························· 1個
衣
　パプリカパウダー ········· 小さじ1
　ガーリックパウダー ······· 大さじ1
　チリパウダー ············· 小さじ1
　カレーパウダー ··········· 大さじ1
　ミックスドライハーブ ····· 小さじ1
　塩 ······················· 小さじ1
　薄力粉 ····················· 100g
揚げ油 ····················· 適量
＊お子様用には黒こしょうをはずす。

🌀つくり方

[準備] バットに**卵液**の材料をホイッパーで混ぜ合わせておく。別のバットに**衣**の材料を混ぜ合わせておく。

1 骨つき鶏もも肉は、関節で半分に切ったら、真ん中の骨をつけたまま3つに切る。鶏むね肉は一口大に切る。**下味**をまぶして揉み込む。
◎すぐに衣をつけても大丈夫ですが、一晩漬け込むとより味が染みます。

2 鶏肉を卵液→衣の順でつけたら、再び卵液→衣の順でつける。
◎面倒と思われるかもしれませんが、二度づけすると卵液と衣がよくなじんで鶏肉にまとわりつきます。このねちょっとしたまとわりがおいしいんですよね。

3 170〜180℃の油で揚げる。こんがり揚がって浮いたら取り出す。オーブンを200℃に温めている間、休ませる。
◎浮いたらほぼ火が入っているという合図で、カリカリに揚がります。

4 耐熱容器に盛り合わせ、200℃のオーブンで約8分焼く。
◎約5分で一度様子を見る。

ボナペティ〜！

肉
イチオシ

🌀この料理にはコレ！ ビール

ビエール・デ・ザミ　Bière des Amis
生産者：ネオブュル　Neobulles
生産地：ベルギー
フライドチキンにはビールですよ。これはベルギー産。オレンジピールのような香りがします。色も美しい黄金色。スパイシーなフライには最高です。

豚肉のソテー はちみつマスタードソース

Sauté de porc à la moutarde et au miel ▶YouTube #712

難易度 ★☆☆ | 調理時間 15分

甘酸っぱくて力強いソースが ご飯、パスタと何にでも合う!

厚切りの豚ロース肉を焼いて、はちみつとマスタード風味のソースでいただきます。豚肉にはパイナップルなど甘酸っぱい材料を合わせることも多いですが、はちみつを使うとちょっとおしゃれですよね。マスタードやビネガーの酸味もきいているので、かなり力強い味です。ご飯やパスタ、フランスパン、何でも合います。ディナーにぴったりです。

🍖 材料(2人前)

豚ロース肉(とんかつ用) ………… 2枚
にんにく(みじん切り) …………… ½片
パセリ(みじん切り) ……………… 1枝
はちみつ ……………………… 大さじ2
粒マスタード
　(なければディジョンマスタード、からし)
　…………………………… 大さじ2
白ワインビネガー ………… 大さじ2
醤油 ……………………………… 大さじ1
塩、白こしょう ……………… 適量
薄力粉 ……………………………… 適量
オリーブオイル ………… 大さじ1

＊はちみつは藤原養蜂場の「皇居周辺蜜(国産)みかん」を使用。

🍖 つくり方

[準備] 豚ロース肉は筋を切って、両面に塩、こしょうをふり、薄力粉をまぶす。
◎包丁の先でトントンと叩くように筋を切ると、脂身から脂もよく出ますし、焼いても縮みません。

1 強火のフライパンでオリーブオイルを熱して、豚肉を2枚重ねて立てるようにして脂身を焼く。脂身がこんがり焼けたら、表面を焼く。裏返したら、中火にしてアロゼ(P.11参照)しながらじっくり中まで火を通す。
◎アロゼの途中に包丁で切り込みを入れ、火の通りを確認し、この段階で6〜7割火が通るまで焼く。

2 にんにく、白ワインビネガー、はちみつを順に加えて煮る。
◎にんにくは焦げない程度に軽く炒めてください。
◎最後に煮て、豚肉に9割まで火を通すイメージです。

脂身を焼く時はフライパンのヘリを利用して立てかけます。

3 粒マスタードを加え、醤油を加えたら火を止める。パセリを加えてひと混ぜし、豚肉を取り出し、再び火をつけてソースをひと煮立ちさせる。
◎醤油の風味を壊さないようにすぐに火を止めます。
◎最後にひと煮立ちさせてソースに濃度をつけます。

ボナペティ〜!

肉
イチオシ

豚肉のリエット

Rillettes de porc ▶YouTube #335

難易度 ★★☆☆
調理時間 140分
※粗熱をとる時間、冷蔵庫で一晩寝かせる時間は除く

炒めて、煮込んで、つぶすだけの超簡単リエット!

リクエストの多いリエットです。伝統的な保存食で、魚などでもつくりますが、一番スタンダードな豚肉のリエットを。肉を炒めて煮込んでつぶすだけだから、簡単ですよ。まず、炒める油にラードを使うのがポイント。まったりした食感や香りが田舎っぽくていいんです。水を加えたら2時間近く、手でつぶせるくらいに柔らかく煮て、一晩寝かせてペースト状に混ぜます。バゲットにのせてどうぞ。

🍖材料(4〜6人前)

豚バラ塊肉 ･･････････････････ 500g
玉ねぎ(みじん切り) ･････････ ½片
にんにく(みじん切り) ･･････ 1片
タイム(フレッシュ) ･････････ 1枝
ローリエ ･････････････････････ 1枚
塩 ･･･････････････････････････ 5g
こしょう(黒･白) ･･･････････ 適量
ラード ･･･････････････････････ 30g
水 ･･･････････････････ ひたひたの量
バゲット ･･････････････････ お好みで
*スパイシーにしたい方は黒こしょうだけでも。

🍖つくり方

[準備]豚バラ塊肉を一口大に切り、塩、黒こしょうをふる。

1 中火のフライパンでラードを熱し、玉ねぎ、にんにくの順に入れ炒める。しんなりしたら豚肉、ハーブの順に加えてよく炒める。
◎白い料理にしたいので、玉ねぎに色がつかないように炒めてください。

2 豚肉の全面が白くなったら、水を加えて沸騰させる。弱火で1時間半〜2時間煮込む。汁が煮詰まったら、汁ごとボウルに移して粗熱をとり、ラップをして冷蔵庫で一晩寝かせる。
◎アクはほとんど出ないのでとりません。たまに豚肉に汁をかけて乾かないようにしてください。

3 豚肉を包丁で刻む。
◎冷蔵庫から出したばかりだと冷たくて切りにくいので、少し温めるといいです。
◎本来リエットは完全にすりつぶしますが、僕はちょっと食感が残っているのが好みなのでざっくり粗めにしています。

4 2のボウルからハーブを取り除いて、豚肉をもどし、つぶしながら混ぜる。塩(分量外)、白こしょうで味をととのえる。

バゲットにのせたら、ボナペティ〜!

◎スプーン2本をぬるま湯に浸けてから、リエットをラグビーボール状に丸めるとおしゃれですので真似てみてください。
◎残りはココットに。冷蔵や冷凍で1週間くらい保存できます。解凍する時は前の日から冷蔵庫に移して、食べる前に軽く温めるといいです。
◎もっとなめらかにしたければ、さらにつぶしてください。

肉
イチオシ

🍖この料理にはコレ! 赤ワイン

十勝ワイントカップ
生産者:北海道池田町十勝ワイン
生産地:北海道
我が故郷、北海道のワインを合わせます。北海道産の山幸とヨーロッパ品種のブレンド。ラズベリーの香りがあり、いいできです。フランスの田舎っぽいリエットにばっちり合います。

ミートローフ

Pain de viande ▶YouTube #301

難易度 ★★☆
調理時間 45分 ※粗熱をとる時間は除く

ワイルドにつくる！
スモーキーで濃厚な味がオトナ向き。

ひき肉でつくるおなじみのミートローフ。フランスというより、ドイツやベルギー、オランダなどの伝統料理だそうですね。簡単で、豪華で、温かくても冷たくてもおいしい料理です。レシピは僕のアレンジで、スモークチーズをごろっと入れたり、全体を生ハムで包んだりしているのでスモーキーで濃厚なオトナ向けの味です。赤ワインとともにぜひどうぞ。

🍖材料（880mlのパウンド型1個分）

具

合いびき肉	350g
卵	1個
スモークチーズ（キャンディタイプ）	50g
にんにく（みじん切り）	1片
パセリ（みじん切り）	ひとつかみ（6g）
レモン	1個
パン（ざく切り）	60g
牛乳	¼カップ

生ハム（薄切り） 100g
塩、黒こしょう 適量
オリーブオイル
　（または食塩不使用バター） 適量
＊パンは余ったバゲットや食パンでいいです。

🍖つくり方

[準備] パンは牛乳をかけてふやかしておく。レモンの皮は黄色の部分のみをおろし器で削り、半分に切って果汁を搾る。型にオリーブオイルをたっぷり塗り、冷蔵庫で冷やしておく。オーブンを180℃に温めておく。

◎レモンは皮の下の白いワタを削ると苦くなるので、その手前で止めます。

1. ボウルに具の材料を合わせて、強めに塩、こしょうをふる。冷蔵庫で冷やす。

◎チーズは切らずにそのままワイルドにいきます。ハンバーグをつくる要領でよく混ぜてください。

2. 型の縁に生ハムをかけながら全体にしきつめ、1を詰める。最後にはみ出している生ハムを内側に折りたたむ。5cmほどの高さからタオルをしいた台に型ごと数回落として空気を抜く。

◎具材もスプーンで押しながら詰め、型の隅にもきちんと押しつけるのが美しく仕上げるポイントです。

生ハムは型の隅にもよく押し込んでください。

3. 180℃のオーブンで30〜35分焼く。粗熱がとれたら、型から抜く。

◎しっとり感が好きな方には30分がおすすめです。

切り分けたら、
ボナペティ〜！

肉
イチオシ

🍖この料理にはコレ！ 赤ワイン

クロッカス ラトリエ Crocus l'Atelier
生産者：クロッカス・ワインズ Crocus Wines
生産地：フランス、カオール
品種はカオールの代表的なマルベック。タンニンが多く、黒こしょうとカシスの香りが強いです。味の濃厚なミートローフにぴったり合います。

三國ナゲット
Les Nuggets
▶YouTube #420

難易度 ★☆☆

調理時間 15分

パプリカできれいなオレンジ色に。天ぷら粉でつくるささみナゲット。

世界中の子供に大人気のナゲット。鶏ひき肉でつくる方法もありますが、柔らかいささみを使って三國風の絶品ナゲットを紹介しますよ。衣は日本の誇る天ぷら粉で。パプリカパウダーを混ぜてオレンジ色にしています。かわいいです。ソースもいろいろ応用できます。おやつや、小腹がすいた時にぜひ試してください。

🍳材料（2人前）

鶏ささみ ……………………… 200g
塩 …………………………… 小さじ½
衣
　天ぷら粉 …………………… 50g
　パプリカパウダー ………… 小さじ½
　ガーリックパウダー …… 小さじ½
　水 ………………………… 80g
揚げ油 ……………………… 適量
ソース1
　マヨネーズ ………………… 大さじ2
　アリッサ ………………… 小さじ1
ソース2
　お好みソース（オタフク）… 大さじ2
　からし …………………… 大さじ1
パセリ ……………………… お好みで
＊天ぷら粉は「昭和 天ぷら粉 黄金」を使用。
＊ソースはトマトケチャップにチリパウダー、マヨネーズにアンチョビなどでも。想像を膨らませて楽しんでください。お子様には辛みを控えましょう。

🍳つくり方

[準備]ボウルに衣の材料を箸で合わせておく。ソースをそれぞれ混ぜておく。
　◎衣は箸でまだらに混ぜるのがいいです。あんまりしっかり混ぜると、べちゃっとなりますから。
1 鶏ささみは筋を取り、一口大に切る。軽く塩をふったら、衣をつける。
2 160℃の油で揚げる。浮いてきたら取り出す。
　◎パセリを入れてちょっと色づくくらいに揚がったら、160℃くらいです。肉が入ると温度が下がるので、火力を強めて170℃強にします。
　◎揚げかすは焦げる原因なのできれいにとってください。ささみ同士がくっつかないように離します。浮いてきたら火が入ってますよという合図です。

揚げたパセリも添えて、ボナペティ〜！

肉・鶏

🍷**この料理にはコレ！** 白ワイン

サヴニエール "ラ・プティット・ロッシュ" Savennières "La Petite Roche"
生産者：ダミアン・ロロー　Damien Laureau
生産地：フランス、ロワール地方
シュナン・ブラン種の白ワインです。ロワールの白は色がきれいで、さわやかなのがいいですね。パッションフルーツがほのかに感じられます。

鶏肉ときのこの猟師風煮込み

Poulet chasseur ▶YouTube #521

難易度	調理時間
★★☆	20分

※じゃがいもを茹でる時間は除く

きのこたっぷり！
シンプルだけど
うま味を感じる秋の料理。

猟師風と名前のついた料理にはいろいろな調理法がありますが、フランスではたいてい鶏肉を焼いて、きのこと一緒にトマト味で煮込みます。材料も調理法もシンプルで簡単につくれますよ。鶏肉に焼き色をしっかりつけたら、サッと煮るだけでできあがります。秋の季節にぴったり。お好みでエストラゴンも入れれば、完璧です。

●材料（2〜4人前）

鶏もも肉（一口大）……………1枚
鶏手羽元……………………6本
玉ねぎ（みじん切り）…………½個
にんにく（みじん切り）…………½片
きのこ（ざく切り）……………200g
トマトペースト（KAGOME）
………………………1袋（18g）
白ワイン………………½カップ
塩、白こしょう………………適量
バター（食塩不使用）…………35g

つけ合わせのじゃがいも………2個
＊きのこは、マッシュルーム、まいたけ、エリンギなど。

●つくり方

[準備] 鶏手羽元はハサミで骨に沿って切り込みを入れる。鶏もも肉と手羽元の両面に軽く塩、こしょうをふる。じゃがいもは皮つきのまま塩茹でし、温かいうちに皮をむいて、一口大に切る。

1 中火の鍋でバター（半量）を熱し、鶏肉を皮のほうからじっくり焼く。皮にこんがり焼き色がついたら、反対側も同じくらい焼き色をつける。
◎皮にしっかり焼き色をつけるのがポイント。皮がカリカリになるまでひっくり返さないように我慢してください。
◎煮込み時間が短いので、ここで鶏肉にしっかり火を通します。

2 鶏肉が焼けたら、残りのバター、玉ねぎ、にんにく、トマトペーストを加え炒める。きのこを加えたら、強火にしてよく炒める。
◎炒める時に、鍋底の焼き色を落とすように混ぜてください。この焼き色がおいしさの素になります。

鶏肉にこのくらい焼き色をつけてください。

3 白ワインを加え、軽く塩、こしょうをふる。ふたをして中火で3〜5分煮込んだら、ふたをとって強火で約2分、汁を煮詰める。
◎煮込む際に水分が足りないようなら、水を少量加えてください。

じゃがいもを温めて添えたら、ボナペティ〜！

◎バターライス、ご飯、パスタも合います。

肉・鶏

骨つき鶏もも肉のコンフィ
Confit de cuisse de poulet

▶ YouTube #328

難易度	調理時間
★★☆	110分

※漬け込む時間は除く

ビストロの定番!
低温でじっくり煮てほろほろに。

コンフィは、ビストロの定番料理です。鶏や鴨の主にもも肉を低温の油脂でじっくり時間をかけて煮てから、表面をカリッと焼き上げます。骨から肉がほろほろに崩れるくらいにしっとり柔らかいし、しっかり塩味もきいて、皮はカリカリ。もうおいしいのなんの。ソースは要りません。本来は保存食なので、油脂で煮たものを冷蔵庫でストックすることもできます。

肉
鶏

🍳 材料 (2人前)

鶏もも肉 (骨つき) ………………… 2本
にんにく (皮つき) ………………… 4片
タイム (フレッシュ) ………………… 4枝
ローリエ ………………………… 2枚
赤とうがらし ……………………… 1本
粗塩 (天然塩) ………… 肉の重量の2%
油 (サラダ油、オリーブオイルなど)
………………………… ひたひたの量
お好みの葉野菜 ………………… 適量

＊タイムは甘い香りがあるのでおすすめですが、なければフレッシュのローズマリーでも。
＊一晩漬け込む時は、塩の量は「肉の重量の1%」で大丈夫。

🍳 つくり方

[準備] 鶏もも肉の皮に、包丁の切っ先を刺して複数穴をあける。塩、にんにく、タイム、ローリエ、赤とうがらしを揉み込み、冷蔵庫で約30分漬け込む。

1 鍋に皮を下にした鶏肉、にんにく、油を入れ、68℃で1時間40分火を入れる。途中20分したら鶏肉を裏に返す。
◎温度計がない場合は、弱火でコトコト小さく沸騰する火加減で煮込めば大丈夫です。
◎ハーブは焦げそうになったら取り出してください。

2 中火のフライパンで皮をカリッと焼く。途中でにんにくも加えて焼く。
◎十分に火が入っているので、焼き色がつきやすく、また崩れやすいので気をつけて。

葉野菜の上にのせたら、ボナペティ〜!

◎保存する時は、油に入れたまま冷まして冷蔵庫へ。
◎残った油はこして、次回のコンフィに利用してもいいし、炒め物やピラフに使うと鶏肉の香りがついてとてもおいしくなります。絶対に捨てないでくださいね。
◎つけ合わせは葉野菜以外に、茹でたじゃがいももおすすめ。

🍷 この料理にはコレ! 赤ワイン

ムーラン=ナ=ヴァン　Moulin-à-Vent
生産者:ピエール・ポネル　Pierre Ponnelle
生産地:フランス、ブルゴーニュ地方
ボージョレ地区の村名ワインです。ラズベリーとブルーベリーの香りが若干しますね。ちょっと塩分の強いコンフィにぴったりの風味です。

鶏もも肉の黒ビール煮込み

Poulet à la bière ▶YouTube #601

難易度 ★★☆☆

調理時間 55分

ロータスビスケットでシナモン香る北仏の郷土料理。

ビールを使う煮込み料理は、フランス北部に多いです。このレシピは本来、「パン・デピス」というスパイシーな焼き菓子を入れるんですが、スーパーで簡単に買えるシナモン風味のロータスビスケットで代用しています。とろみ、甘み、香ばしさが、黒ビールの風味にぴったりですよ。水分はビールだけですので、焦げつかないように煮込んでくださいね。

●材料（2人前）

鶏もも肉（骨つき）………………… 2本
玉ねぎ（みじん切り）………………… 1個
ベーコン（角切り）………………… 100g
ロータスビスケット ………………… 5枚
黒ビール ………………… 1缶（350ml）
塩、白こしょう ………………… 適量
＊黒ビールは、キリン一番搾り＜黒生＞を使用。

●つくり方

[準備] 鶏もも肉は骨に沿って包丁を入れ、関節部分で半分に切り、両面に強めに塩、こしょうをふる。

◎骨に沿って包丁を入れておくと、火の通りがよくなります。

1 強火の鍋にベーコンを入れ炒める。ベーコンから脂が出てきたら、鶏肉を皮目から焼く。ふたをして約2分蒸し焼きにする。鶏肉を裏に返して中火にし、玉ねぎを加え炒める。ふたをして約2分蒸し焼きにする。

◎先にベーコンを焼いて脂を出し、それで鶏肉を焼きます。

◎ふたをすると早く焼き色がつきます。

2 ビスケットを手で砕きながら加え、軽く炒める。黒ビールを加え、ふたをして弱火で約30分煮込む。途中、鶏肉に汁をかける。ふたをはずして約10分煮込む。

ボナペティ〜！

肉・鶏

ヨーロッパのビールが冷えていない理由

ヨーロッパへ行くと、ビールも白ワインもあまり冷えていないことにびっくりする日本人が多いようです。日本では夏が蒸し暑いこともあって、特にビールはのどごしのさわやかさが求められ、キンキンに冷やして飲むとおいしいつくりにしているものが主流です。僕も仕事の後に飲む、よ〜く冷えたビールがたまらなく好き！　でも、ヨーロッパのビールは日本とは発酵法が異なり、ホップなど材料の香りや味を楽しむつくりにしています。冷やしすぎると風味が立たなくなるので、ちょっとぬるいくらいが適温なんです。

チキンフランセーズ
Chicken Français ▶YouTube #649

難易度
★★☆

調理時間
15分

にんにくレモンソースが合う！
鶏肉のフランス風ピカタ。

日本では豚肉のピカタが有名ですが、この料理もピカタの一種。鶏肉を使うと「チキンフランセーズ」と言うようです。イタリア系アメリカ人が広めた"フランス風レシピ"だとか。鶏むね肉は火を入れるとパサつきやすいですが、これは超しっとりに仕上がります。肉を薄く叩くので短時間で焼けるし、火加減の強弱に気を配れば理想の火の通りになりますよ。

肉・鶏

🍖材料（2人前）

鶏むね肉 ························ 大1枚
塩、白こしょう ··············· 適量
薄力粉 ·························· 適量
バター（食塩不使用）········· 30g
卵液
　卵 ························· 2個
　パセリ ············ ひとつかみ（6g）
　粉チーズ ················· 大さじ1
ソース
　にんにく（みじん切り）········· ½片
　白ワイン ··············· ½カップ
　レモン汁 ··············· ½個分

🍳つくり方

1 鶏むね肉は2〜3等分に切って、肉叩きかラップを巻いた瓶を使って叩き、厚さが均一になるように伸ばす。両面に軽く塩、こしょうをふる。ボウルに**卵液**を合わせておく。

2 鶏肉に薄力粉をまぶしたら、卵液をたっぷりつける。

3 強火のフライパンにバター（⅓量）を熱し、中火で鶏肉を皮目からじっくり焼く。卵がカリッと焼けたら、火を少し弱めて、何度か裏返しながら2〜3分じっくり焼く。取り出す。
◎最初に卵をカリッと焼くことがポイントです。焼き加減が中途半端だと卵がはがれてきれいに焼けません。
◎鶏肉は薄いのですぐ火が通ります。中火〜弱火で微調整しながら焼くことが、しっとり仕上げるポイントです。

瓶で叩く場合は、瓶自体が重いので、ふり下ろすだけで十分です。

4 同じフライパンを強火で熱し、ソースの材料を入れて煮詰める。残りのバターを加えて混ぜる。
◎同じフライパンでソースをつくることで、鶏肉の香りがソースに移ります。

ソースをしいて上に鶏肉をおいたら、ボナペティ〜！

🍷この料理にはコレ！ 赤ワイン

オート・コート・ド・ニュイ ルージュ フォンテーヌ・サン・マルタン
Hautes Côtes de Nuits Rouge Fontaine Saint Martin
生産者：ドメーヌ・ミシェル・グロ　Domaine Michel Gros
生産地：フランス、ブルゴーニュ地方
ピノ・ノワール100%のワインです。チェリーの風味がいいですね。
この鶏のむね肉の料理にぴったり合います。

鶏もも肉のトマトクリーム煮
Poulet sauce à la crème et tomates

▶YouTube #707

――難易度――
★★☆

――調理時間――
30分

大切な人を幸せにするフランス家庭料理。

代表的なフランスの家庭料理です。鶏肉をカリカリに焼いて、その焼き目のおいしさをソースに生かします。トマトと生クリームを入れるので、ソースはきれいな色になるんですよ。簡単なのに味に深みがあって、なかなかのできばえです。ヌイユ(手打ちの平たいパスタ)やご飯をつけ合わせてもいいし、むね肉ともも肉のミックスでもOKです。

🍳材料(2〜4人前)

鶏もも肉(骨つき) ……………… 2本
トマト(ざく切り) ……………… 1個
玉ねぎ(みじん切り) …………… ½個
にんにく(みじん切り) ………… 1片
トマトペースト(KAGOME)
 ………………………… 1袋(18g)
生クリーム …………………… ½カップ
塩、白こしょう ………………… 適量
オリーブオイル ………………… 大さじ1

🍳つくり方

[準備] 鶏もも肉は骨に沿って包丁を入れ、関節で半分に切る。両面に強めに塩、こしょうをふる。

1 強火の鍋にオリーブオイルを熱し、鶏肉の皮目をこんがり焼く。裏に返して、ふたをして中火で10分蒸し焼きにする。途中で何度か返す。

2 火が通っている鶏肉は取り出して、厚いものは鍋に残してアロゼ(P.11参照)で火を通す。同時に、鍋の空いた場所でにんにくを軽く炒める。玉ねぎを加え軽く炒め、トマトペーストを加えよく炒める。トマトを加え、取り出した鶏肉をもどす。ふたをして弱火で2〜3分煮る。

◎トマトペーストを使う時はよく炒めてください。酸味が飛んで濃厚な味になります。
◎休ませている鶏肉から出た肉汁は、おいしい汁(ジュ)なので鍋にもどしてください。

3 生クリームを加え、ふたをして強火で2〜3分煮る。

ボナペティ〜!

肉・鶏

🍳この料理にはコレ! 赤ワイン

リュリー プルミエ・クリュ "プレオー" Rully 1er Cru "Préaux"
生産者:P&M ジャクソン　P&M Jacqueson
生産地:フランス、ブルゴーニュ地方
ピノ・ノワールのバニラとチェリーの香りが非常にエレガントです。
ソースがクリーミーで非常に合います。

鶏手羽元の赤ワイン煮
Poulet au vin rouge facile

▶ YouTube #008

難易度	調理時間
★☆☆	13分

プルーンとデミグラスで
ほんのり甘く。
たった5分の煮込みで
本格的に!

赤ワイン煮は人気があるようで、YouTubeでもリクエストが多いです。レストランでは牛や豚のバラ肉を何時間もかけて煮込むことが多いですが、家庭で簡単にできる手羽元を使ったレシピをご紹介しましょう。ポイントはプルーンを入れること。僕のアレンジですが、甘みが加わり、まろやかになります。たった5分煮込むだけで、本格的な味になりますよ。

●材料 (2人前)

鶏手羽元	6本
プルーン	4個
赤ワイン	1カップ
デミグラスソース (HEINZ)	100g
にんにく	½片
しいたけ (軸を残して縦に半分)	4個
玉ねぎ (厚めのスライス)	½個
ローリエ	1枚
塩、白こしょう	少々
薄力粉	適量
オリーブオイル	大さじ1

●つくり方

[準備] 鶏手羽元の両面に強めに塩、こしょうをふり、薄力粉を多めにまぶす。

◎薄力粉が香ばしい風味ととろみになるので、多めにつけてください。

1 中火の鍋にオリーブオイルを熱し、にんにくを入れオイルに軽く香りをつけたら、鶏肉を皮目から焼く。

◎薄力粉をしっかり焼くイメージで、カリカリに焼いてください。

2 皮にしっかり焼き色がついたら、裏に返して、玉ねぎ、しいたけ、赤ワイン、デミグラスソース、プルーン、ローリエを加え、ふたをして約5分煮込む。

◎ソースの濃度が濃いと感じたら、少量の水でゆるめても構いません。

ボナペティ〜!

●この料理にはコレ! 赤ワイン

プロキシモ　Próximo
生産者:マルケス・デ・リスカル　Marqués de Riscal
生産地:スペイン、リオハ
いちごやさくらんぼ、プルーンなどのたっぷりとした果実味が、この煮込み料理にぴったりです。

鶏もも肉の ジャンボネット

Jambonette de poulet

▶ YouTube #483

難易度	調理時間
★★☆	35分

三ツ星クラス級ソース！
フライパンだけで本格＆簡単。
お弁当にも。

豚もも肉のハムをジャンボンと言いますが、鶏もも肉を使ってそれに見立てた料理がジャンボネットです。中に野菜などの詰め物を入れて蒸し焼きにしますが、フライパンで簡単につくる方法をお見せします。肉を焼いたら、生クリームと白ワインを入れてさっと煮詰めてソースをつくります。エクセレントです！　星つきレストランにも負けない上等なソースです。

◉材料（2人前）

鶏もも肉	1枚
ほうれん草（4等分）	¼束
マッシュルーム（4等分）	4個
白ワイン	少々
生クリーム	¼カップ
塩、白こしょう	適量
オリーブオイル	大さじ1
にんじんのポワレ（P.115）	適量

◉つくり方

[準備] 鶏もも肉は、厚みや筋のあるところを包丁で何本も切り目を入れて広げておく。皮目には包丁の切っ先でたくさん穴をあける。両面に軽く塩、こしょうをふる。

　◎鶏肉は筋が多いのでよく切って広げます。皮は切らないでください。

1　中火のフライパンにオリーブオイル（少々）を熱し、マッシュルームをよく炒める。ほうれん草を加え、しんなりするまで炒める。塩、こしょうをふる。取り出して粗熱をとる。
　◎鶏肉に詰めるのでよく炒めてください。

2　鶏肉に1をのせてロール状に巻く。タコ糸で5か所ほど、固結びで縛る。

3　中火のフライパンに残りのオリーブオイルを熱し、皮をカリッと焼く。全体に焼き色がついたら、ふたをして15〜20分焼く。取り出し、粗熱をとる。
　◎焼く時は具材がはみ出しやすいのでデリケートに扱ってください。

4　火を消した同じフライパンに白ワイン、生クリームを入れホイッパーでよく混ぜる。塩、こしょうで味をととのえる。3はタコ糸を取り除き、切り分ける。
　◎肉を切り分けたまな板に残った汁がいい仕事をするので、ソースに加えてください。この汁だけでも十分おいしいくらいです。

巻く時に具材を手で中によく押し込んでください。

肉・鶏

ソースをかけて、にんじんのポワレを添えたらボナペティ〜！

◉この料理にはコレ！ 赤ワイン

グランポレール 余市 ピノ・ノワール　Grande Polaire Yoichi Pinot Noir
生産者：サッポロビール
生産地：北海道
北海道ではピノ・ノワールのぶどうは育たないと言われていたんですが、今は素晴らしいものができています。チェリーの香りのするよいワインです。

鶏肉と春野菜のゼリー寄せ

Poulet en gelée et légumes de printemps

▶YouTube #692

難易度 ★★☆

調理時間 25分 ※野菜を塩茹でする時間、一晩冷やし固める時間は除く

ちょっと特別な日の、
彩り鮮やかな料理。
たっぷり野菜にマヨネーズを添えて。

肉・鶏

春に向けたさわやかな野菜のゼリー寄せ。本格的には骨つき肉を茹でたスープでゼリー状にしますが、家庭なら粉ゼラチンでOK。野菜は柔らかめに茹でたものを入れ、ゼリーも柔らかく固めたほうが口溶けがよくて食べやすいです。今回は野菜と鶏ささみを入れていますが、ナッツを入れてもおいしくて素敵です。

🍳材料（880mlのパウンド型1個分）

春野菜 ………………………… 適量
鶏ささみ ………… 4本（約250g）
水 ……………………… 2½カップ
ハーブ（フレッシュ） ……… 2〜3枝
塩、白こしょう ………………… 適量
粉ゼラチン …………………… 10g
マヨネーズ …………………… お好みで
＊今回は、ブロッコリー100g、インゲン40g、にんじん130g、菜花80gを使用。
＊ハーブはローズマリーを使用。タイムやパセリなどお好きな香りのもので。

🍳つくり方

[準備] 型にラップをしいておく。野菜は柔らかめに塩茹でする。鶏ささみは筋と血の部分をとって、両面に軽く塩、こしょうをふる。

1 鍋に水を入れて沸騰させたら、ささみ、ハーブを入れて弱火でじっくり約10分茹でる。取り出す。ごく少量の茹で汁をゼラチンに加えて混ぜ、もどしておく。残りの茹で汁は軽く煮詰める。その間に茹でた野菜を縦長に、ささみは縦半分に切る。
◎ブロッコリーは縦半分、にんじんは縦4等分に切ります。野菜の存在感を出すために、あまり細かく切らないほうがいいですよ。

2 ボウルにキッチンペーパーをしいたザルを重ねて茹で汁をこす。1のゼラチンを加えてホイッパーで混ぜる。一回り大きなボウルに氷水を入れて、その上に茹で汁のボウルを重ねて冷やしながら混ぜる。ゼリー液が少しとろっとしてきたら、型に薄く流して、冷蔵庫で冷やし固める。
◎野菜を弱火で茹でておくと、ゼリー液もきれいな透明になります。

3 型のゼリー液が固まったら、野菜、ささみをきれいに詰めて、手で上から押しつける。残りのゼリー液を全量かける。ラップでおおって一晩冷蔵庫で冷やし固める。
◎型に入れる前にゼリー液が固まってしまったら、再度湯煎で温めて液体にもどしてください。温めた後、熱いまま入れると野菜が変色するので、必ず冷ましてから型に流します。
◎慣れない方は、ラップで包んだままのほうが切りやすいです。

切り分けたら、
マヨネーズをつけて
ボナペティ〜！

🍷この料理にはコレ！ 白ワイン

ラ・キュヴェ・ミティーク ブラン La Cuvée Mythique Blanc
生産者：ヴァル・ドルビュー Val d'Orbieu
生産地：フランス、ラングドック地方
熟したりんごと白桃のような甘い香りに、ヘーゼルナッツの香りがします。
フルーティーな辛口でこの料理にぴったりです。

鶏とパプリカと
オリーブの煮込み

Poulet aux poivrons et olives

▶YouTube #352

難易度	調理時間
★★☆	45分

オリーブとハーブがアクセントに。鶏肉がカリカリに焼けたらできたも同然!

鶏肉をパプリカ、オリーブ、トマトなどと30分ほど煮込む料理です。イタリアやスペインの雰囲気もありますね。鶏肉を焼いた時のうま味がソースに生きていて、うま味調味料を使わなくてもおいしい絶妙の味です。ちょっと暖かくなってくる季節にぴったり。ワインにもビールにも合いますし、前菜でもメインでも自由に楽しんでください。

🌀材料(2〜4人前)

鶏むね肉 ･･････････････････････1枚
鶏もも肉 ･･････････････････････1枚
オリーブ (黒・緑)
　　　･･････ ひとつかみ (各10〜15個)
パプリカ (赤・黄、縦4等分) ･･････各½個
玉ねぎ (厚めのスライス) ････････1個
にんにく (薄切り) ･･･････････････2片
じゃがいも (皮をむいて乱切り) ･･････2個
トマト (縦4等分) ･･････････････2個
赤とうがらし ･･･････････････････1本
ローリエ ･･･････････････････････1枚
パプリカパウダー ･･････ 多め (15ふり)
イタリアンハーブミックス
　　　････････････････ 多め (30ふり)
水 ･･･････････････････ ひたひたの量
オリーブオイル ････････････ 大さじ1
塩、白こしょう ･･････････････ 適量
＊オリーブは、どちらか1種類でも構いません。

🌀つくり方

[準備] 鶏むね肉は筋をとって一口大に切る。鶏もも肉も一口大に切る。軽く塩、こしょうをふる。
　◎むね肉はもも肉より早く火が入るので、大きめに切ってください。

1 強火の鍋にオリーブオイルを熱し、鶏肉をもも肉、むね肉の順に入れて、皮目から焼く。
　◎もも肉のほうが焼くのに時間がかかるので先に入れます。鶏肉にしっかり焼き色をつけるのがポイント。最初は皮が焼けるまでじっと待ちます。

2 にんにくを加え軽く炒め、玉ねぎを加え甘みが出るまでよく炒める。パプリカを加えよく炒める。トマト、オリーブ、じゃがいもを加えよく炒める。軽く塩、こしょうをふる。赤とうがらし、ローリエ、パプリカパウダー、イタリアンハーブミックス、水を加える。沸騰したら軽くアクをとって中火で約30分煮込む。
　◎材料を加えるごとにしっかり炒めないと味が出てきません。鍋底の焼き目をとるように炒めます。

ボナペティ〜!

肉・鶏

🌀この料理にはコレ! 赤ワイン

ダイヤモンド・ラベル シラーズ Diamond Label Shiraz
生産者:ローズマウント・エステート
　　　　　Rosemount Estate
生産地:オーストラリア
フランスではシラー、オーストラリアではシラーズと呼ばれる品種です。軽い赤ワインですが、ハーブやスパイス香が強く、この料理とぴったり。

プール・オ・ポ
Poule au pot ▶YouTube #559

難易度 ★★★　調理時間 120分

丸鶏に詰め物をした煮込み。栄養たっぷりで冬にぴったり!

1羽丸ごとの鶏を煮込む古典料理です。アンリ4世が「丸ごとの鶏を国民が食べられる生活を」と願ったという逸話があります。鶏の腹に詰め物をし、塊の野菜とともに水で煮込むだけ。崩れるほどに柔らかく煮えて栄養たっぷりです。煮汁はスープとして飲んでください。鶏と野菜から出汁が出て、絶品ですよ。

●材料（4～6人前）

丸鶏 ……………………… 1羽（1kg）
セロリ（10cm長さ） …………… 1本
玉ねぎ …………………………… 1個
にんじん（ヘタと皮つき、乱切り）…… 1本
かぶ（茎つき）…………………… 1個
キャベツ ……………………… ½個
水 ……………………… ひたひたの量
クローブ ………………………… 3個
詰め物
　鶏レバー（あればハツも。刻む）
　　………………………… 計100g
　ベーコン（角切り）…………… 50g
　バゲット（細かくちぎる）……… 60g
　にんにく（みじん切り）………… 1片
　牛乳 ……………………… ¼カップ
　卵 ……………………………… 1個

塩、白こしょう ……………… 適量
＊野菜は季節のもので何でもOK。
＊バゲットは余り物で大丈夫。
＊詰め物には余ったご飯やパスタを入れてもOK。

●つくり方

[準備] バゲットを牛乳でふやかす。玉ねぎにクローブを刺す。かぶは茎を切り離し、茎はばらけないようにタコ糸で縛る。キャベツも同じく縛る。丸鶏の腹の中を水洗いしてきれいにし、ペーパータオルで水気を拭き取る。

1 ボウルに卵以外の**詰め物**の材料を合わせ、軽く塩、こしょうをふる。卵を加えて混ぜ、塩、こしょうをふる。

2 丸鶏の腹の中に軽く塩をふり、立てて**1**を詰める。詰め物をよく押し込んで、こぼれ出ないようにタコ糸でしっかり縛る（写真参照）。表面に軽く塩、こしょうをふる。

3 大鍋に鶏、野菜、水を入れ、強火にかける。沸騰したら、軽くアクをとって、軽く塩をふる。ふたをして、約1時間半弱火でコトコト煮る。途中、煮詰まったら水を追加し、乾かないように汁を具材にかける。塩、こし

手羽は折り込んで胴体の下に収める。タコ糸1本を二重にして両脚の下に入れたら、上で交差させて、そのまま両脚の間に通す。左右に糸を引っ張って締め、脚先を少し重ねる。

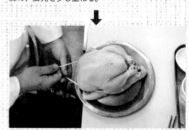

側面に沿って糸を回し、首側で固結びにする。固結びは2回糸をくぐらせる。

ょうで味をととのえる。タコ糸を取り除き、鶏と野菜を切り分ける。
◎詰め物があるので、塩加減は少し物足りないくらいで大丈夫です。
◎鶏は脚のつけ根など、骨に沿って包丁を入れると簡単にほぐれます。

ボナペティ～!

●この料理にはコレ! 白ワイン

リュリー ブラン　Rully Blanc
生産者:P&M・ジャクソン　P&M Jacqueson
生産地:フランス、ブルゴーニュ地方
コート・シャロネーズ地区のシャルドネのワイン。青りんごの香りがうっすらとして、さっぱりした味わいがいいですね。

肉・鶏

鶏もも肉の カリカリ焼き
Cuisse de poulet à la poêle

▶YouTube #036

難易度	調理時間
★☆☆	10分 ※じゃがいもを塩茹でする時間は除く

鶏肉料理の基本、フライパン焼き！日本酒と七味が香るからしソースも絶品。

とっても簡単な鶏肉のフライパン焼きです。もも肉の皮目をカリカリに焼いて火を通すのがポイントです。非常にシンプルですが、これもフランス料理です。本来はマスタードや白ワインを使うところを、みなさんの台所に必ずあるからしと日本酒に代えていますので、すぐにでもつくれますよ。もちろん正統派でつくってもOKです。

● 材料（2人前）

鶏もも肉	1枚
じゃがいも	1個
にんにく	½片
日本酒	40ml
からし（またはマスタード）	小さじ1
七味とうがらし	ひとつまみ
オリーブオイル	大さじ1
水	大さじ2〜3
塩、白しょう	適量

● つくり方

[準備]じゃがいもは皮つきのまま硬めに塩茹でし、厚い輪切りにする。鶏もも肉は皮にフォークで数か所穴をあけて、両面に強めに塩、こしょうをふる。

1 強火のフライパンにオリーブオイルを入れ、鶏肉を皮目から焼く。
　◎皮をカリカリに焼き上げるのがポイントです。皮をフライパンによく押しつけるときれいに焼き色がつきます。

2 鶏肉を裏に返したら、中火にして、にんにく、じゃがいもを加え、両面をカリカリに焼く。
　◎にんにくは焦げやすいので、途中でじゃがいもの上にのせてください。

3 日本酒を加えてアルコールを飛ばす。鶏肉に火が通ったら、具材はすべて皿に盛りつける。同じフライパンを弱火にし、からし、七味とうがらし、水を加え、混ぜながら軽く煮詰めてソースにする。
　◎鶏肉は必ず包丁を入れて、火が入っているか確認してください。

鶏肉の上にソースをかけたら、ボナペティ〜！

肉・鶏

● この料理にはコレ！ 白ワイン

マルサンヌ　Marsanne
生産者：ルイ・シェーズ　Louis Chèze
生産地：フランス、ローヌ地方
白こしょうや花の香り、ボリュームのある果実味が焼き上げた鶏肉にぴったりです。

ローストポークの ブーランジェール風
Rôti de porc boulangère

▶ YouTube #321

難易度	調理時間
★★☆	75分 ※うま味出汁を つくる時間は除く

パーティーにぴったり!
マスタードとうま味出汁が
味の決め手。

パーティーなどに重宝する簡単ロー
ストポークです。豚肉の塊をじゃが
いもや玉ねぎと一緒にオーブン焼き
しますが、本来は白ワインをかけると
ころを和風のうま味出汁に。45分
間も焼けば噛みごたえのあるうま味
たっぷりのローストポークができま
すよ。料理名のブーランジェールは
パン屋のことで、パンを焼いた薪の
残り火でつくったことに由来します。

◉材料（4〜6人前）

豚肩ロース塊肉 ……………………600g
じゃがいも（厚さ1cmの輪切り、水に浸ける）
………………………………………3個
玉ねぎ（厚めのくし形切り）………1個
にんにく…………………………2片
ローリエ…………………………2枚
タイム（フレッシュ）…………2〜3枝
ローズマリー（フレッシュ）……2〜3枝
うま味出汁………………………1カップ
ディジョンマスタード（なければからし）
………………………………………大さじ2
塩、白こしょう…………………適量
バター（食塩不使用、角切り）……40g
＊じゃがいもはメークインを使用。

◉つくり方

[準備]オーブンを200℃に温めておく。

1 豚肩ロース肉の全面に強めに塩、こ
しょうをふり、肉の形が崩れないよ
うにタコ糸でぐるぐるに縛る。脂身
のある面を下にして、それ以外の面
にマスタードをたっぷり塗る。

2 耐熱容器の中央を空けて玉ねぎ、じ
ゃがいもの順でしく。中央に脂身を
下にして豚肉をおく。野菜にうま味
出汁をかけて、にんにく、ハーブの順
で入れる。豚肉の上にバターをのせ
る。野菜に軽く塩、こしょうをふる。
◎基本は、豚肉の脂身をフライパン
で焼きますが、耐熱容器に脂身を当
てることで焼き色をつけて簡単な
レシピにしています。
◎玉ねぎはじゃがいもの下にした
ほうが焦げなくておすすめです（写
真は逆です）。

3 200℃のオーブンで45分焼く。そ
のままオーブンの中で10〜15分
休ませてから、タコ糸を取り除き、
切り分ける。

野菜の上に豚肉を並べて
汁をかけたら、ボナペティ〜❢

プロはきれいに縛りますが、ご家庭では簡単にぐる
ぐる巻きで大丈夫です。

うま味出汁
Umami dashi ▶ YouTube #013

難易度	調理時間
★☆☆	10分

◉材料（つくりやすい分量）

昆布………………………………20g
カツオ節…………………………30g
水…………………………………1ℓ

◉つくり方

1 鍋に水と昆布を入れて火にかけ沸
騰させる。沸騰したら、カツオ節を
加えてすぐ火を止める。
◎昆布の白い部分もうま味なので
軽く拭き取る程度にしてください。

2 カツオ節が全部沈んだら、ザルにキッ
チンペーパーを重ねて静かにこす。
◎もっと詳しく知りたい方は『三國シ
ェフのベスト・レシピ136』のP.107
参照

◉この料理にはコレ! 白ワイン

ボーヌ ブラン　Beaune Blanc
生産者:ドメーヌ・ド・ラ・ヴージュレ　Domaine de la Vougeraie
生産地:フランス、ブルゴーニュ地方
ボーヌのぶどう畑は何度も訪ねたことがあります。このワインはアプリコットとピー
チが香る、繊細で上品な味わいです。ローストポークとのマッチングもぴったり。

肉・豚

自家製ジャンボン

Jambon au torchon ▶YouTube #425

難易度	調理時間
★★☆	100分

※粗熱をとる時間、二晩冷蔵庫で寝かせる時間は除く

低温調理で柔らかい！ハーブと塩麹で自家製ハム。

豚肩ロースの塊を茹でてジャンボン（ハム）をつくります。一晩塩麹やハーブで漬けてから、さらし布で包んでゆっくり茹でるだけ。80℃の湯で1時間30分です。これで十分火が入ります。一晩寝かせてからが食べごろ。柔らかくて味がよくて、しかもきれいなピンク色です。マスタードをつけて食べれば完璧！ ぜひ、トライしてください。

🍖材料（2人前）

豚肩ロース塊肉	800g
塩麹	50g
塩	15g
てんさい糖	ひとつまみ
ローリエ	1枚
タイム（フレッシュ）	1枝
ローズマリー（フレッシュ）	1枝
香味野菜	適量

＊ハーブはなければ1種類でも、ドライでもOK。
＊香味野菜は、にんじんの皮やセロリの葉、玉ねぎ（½個）を使用。皮や葉など余った部分を活用してください。

🍖つくり方

1. 豚肩ロース塊肉にフォークで複数穴をあけて、塩、てんさい糖をまぶしたら、塩麹をつける。ローリエ、タイム、ローズマリーと一緒に袋に入れて一晩冷蔵庫で漬け込む。◎フォークで穴をあけることで味が染み込みやすくなります。
2. ハーブを取り除き、さらしで巻いたら、キャンディ包みのように左右の端を反対方向にねじって、豚肉を筒形のハムのように成形する。ねじったところと豚肉のまわりを4か所ほどタコ糸で固結びする。さらしの余った生地は切る。
3. 鍋にたっぷりの湯を沸騰させ、2、香味野菜を入れ、80℃をキープして1時間30分茹でる。取り出して粗熱がとれたら、冷蔵庫で一晩寝かせる。

食べる1時間前に冷蔵庫から出して薄切りにしたら、ボナペティ〜！

鍋に入れる前の状態。

◎煮込んだ後の汁は、いい出汁が出ているので、スープ、カレーなどいろんなものに使ってください。残った野菜はミキサーにかけて、スープやカレーに加えてもいいですね。

肉・豚

🍖この料理にはコレ！ 白ワイン

ブルゴーニュ・シャルドネ テール・ド・ファミーユ
Bourgogne Chardonnay Terres de Famille
生産者：ドメーヌ・ド・ラ・ヴージュレ　Domaine de la Vougeraie
生産地：フランス、ブルゴーニュ地方
規格ではブルゴーニュという広いゾーンの銘柄ですが、質の高いエレガントなシャルドネです。ミントやローズマリーなどハーブ香もありますよ。

豚ヒレとあんずのファルシ
Filet mignon de porc farci aux abricots
▶YouTube #378

難易度 ★★★☆

調理時間 50分 ※ほうれん草の下茹で時間は除く

チーズとアプリコットがアクセント！豚ヒレはしっとりジューシーに。

豚ヒレの塊肉に詰め物をして、オーブン焼きにしています。ヒレは柔らかくて味のよい部位ですが、ローストしてもよさはばっちり残ります。詰め物はアプリコット、チーズ、青菜。組み合わせは自由ですよ。フランスでは料理によくアプリコットを使いますが、酸味と甘みがアクセントになっておいしいです。焼き汁はうま味が濃いので、残さずかけてください。

● 材料（3〜6人前）

豚ヒレ塊肉 ……………………… 300g
ベーコン ……………………………… 5枚
ほうれん草 …………………………… 3本
アプリコット（ドライ）…………… 6個
フレーバーチーズ（ペッパー味）…… 50g
塩、白こしょう ……………………… 適量
オリーブオイル …………… 小さじ2
お好みの葉野菜 …………………… 適量
＊アプリコットはフレッシュでも。プルーンもよい。

● この料理にはコレ！ 白ワイン

レ・ペニタン シャルドネ
Les Pénitents Chardonnay
生産者：アルフォンス・メロ
Alphonse Mellot
生産地：フランス、ロワール地方
シャルドネ100％のロワールワインですが、白桃とオレンジの香りがさわやかです。上品な豚ヒレ肉にぴったりですよ。

＊チーズは「ブルサン ペッパー」を使用。
＊葉野菜はマーシュを使用。

●つくり方

[準備] ほうれん草は根元をつけて下茹でする。オーブンは200℃に温める。

1 豚ヒレ塊肉は横から切り込みを入れて一枚に開き、肉叩きかラップを巻いた瓶で叩いて平たく均一にする。軽く塩、こしょうをふる。
◎ヒレ肉は柔らかいので、力を入れずに瓶の重さだけで叩いてください。

2 豚肉の真ん中にほうれん草（1本）をおいたら、アプリコット、チーズをのせる。具材をおおうように残りのほうれん草をおいたら、形をととのえながら具材を押し込むように豚肉を巻く。軽く塩、こしょうをふる。ベーコンを少し重ねながら豚肉の上に並べて、前後に軽く転がして巻きつける。ベーコン1枚1枚をタコ糸で固結びにする。

3 中火〜強火のフライパンにオリーブオイル（半量）を熱し、オイルが熱くなったら2の表面に焼き色をつける。

4 耐熱容器に残りのオリーブオイルを塗り、3を移し、200℃のオーブンで30分焼く。耐熱容器に溜まった汁を上からかけたら、アルミホイルをかぶせ、オーブンの余熱の中で10分休ませる。タコ糸を取りはずし、切り分ける。
◎天板の熱も利用して豚肉に火を入れたいので、天板と耐熱容器の間にアルミホイルはしきません。
◎オーブンで焼き上がる前に焼き色が十分についたら、豚肉にアルミ

2

ほうれん草は根元の向きを交互にします。こしょうが好きな方は、具材にもこしょうをふっていいですよ。

きれいな筒形になるように膨らんでいるところは手で押してととのえます。タコ糸はベーコンが破れない力加減でしっかり結んでください。

ホイルをかぶせて、それ以上焼き色がつかないようにします。

葉野菜に肉汁をかけたら、ボナペティ〜！

肉・豚

豚肉ソテー ロベールソース

Sauté de porc sauce Robert ▶YouTube #697

難易度	調理時間
★☆☆	10分

シンプルだけどうま味が凝縮！
玉ねぎとマスタードのクラシックなソース。

「ロベールソース」というクラシックなソース添えの豚肉料理です。ロベールは考案した人の名前ですね。白ワインとマスタードが必須で、本来はデミグラスなども加えますが、豚肉のうま味を利用して家庭向けのシンプルレシピにしてあります。今回は豚肉のソテーですが、牛ステーキや魚料理にも合うソースですので、いろいろ楽しんでください。

材料（2人前）

豚ロース肉（とんかつ用）	2枚
玉ねぎ（みじん切り）	½個
白ワイン（なければ日本酒）	½カップ
ディジョンマスタード（なければからし）	大さじ1
塩、白こしょう	適量
薄力粉	適量
バター（食塩不使用）	15g
オリーブオイル	大さじ1

つくり方

[準備] 豚ロース肉は筋に包丁を入れて、両面に強めに塩、こしょうをふり、薄力粉をまぶす。

◎薄力粉はダマの原因になるのでよくはたいてください。

1 強火のフライパンにオリーブオイルを熱し、豚肉にカリッと焼き色をつける。裏返したら弱火にして、じっくり火を通す。バターを加え、アロゼ（P.11参照）して火を通す。取り出す。

◎強火でフライパンから煙が出てきた頃に豚肉を入れます。

2 同じフライパンを強火にして、玉ねぎをじっくり炒める。白ワインを加え、⅔量になるまで煮詰める。マスタードを加え、火を止めて混ぜる。塩、こしょうで味をととのえる。

◎豚肉を焼いた時の焼き目を玉ねぎで落とすように炒めます。同じフライパンでつくることで、豚肉のうま味が玉ねぎにも移ります。

◎マスタードを入れた後に沸騰させると香りが飛んでしまいます。

ソースをしいた上に豚肉をおいたらボナペティ～！

この料理にはコレ！ 白ワイン

ベルルーシュ コート＝デュ＝ローヌ ブラン
Belleruche Côtes-du-Rhône Blanc
生産者：M.シャプティエ　M. Chapoutier
生産地：フランス、ローヌ地方
グルナッシュ・ブランを主体につくられています。アプリコットやレモンのさわやかさがいいですね。豚肉にとても合いますよ。

肉・豚

スペアリブの
はちみつ
ハーブ煮込み

*Travers de porc au miel
et au romarin* ▶YouTube #416

難易度	調理時間
★★☆	45分

※粗熱をとる時間は除く

隠し味の醤油と
甘い野菜のピューレで
レストラン級の上品な味に。

スペアリブ＋はちみつ＋ハーブ＝美味！ としか言いようがありません。この料理は上品でクオリティが高いです。炒めたスペアリブにはちみつをからめてから白ワインと水で煮て、隠し味に醤油を入れるので味に奥行きが出ます。一緒に煮込んだ野菜はフードプロセッサーでピューレにしてソース代わりに。このピューレが、また柔らかくて甘いんです。

肉・豚

🍖材料（2人前）

豚スペアリブ ····················· 6本
にんじん（乱切り）················ 1本
玉ねぎ（乱切り）················· 1個
にんにく ························· 2片
しょうが（みじん切り）············ 10g
はちみつ ······················· 大さじ3
白ワイン ························· ½カップ
水 ····························· 1½カップ
ローズマリー ···················· 2枝
醤油 ···························· 小さじ2
塩、黒こしょう ·················· 適量

🍳つくり方

[準備]豚スペアリブに強めに塩、こしょうをふる。

1 強火でフライパンを熱し、スペアリブの脂身から焼く。
◎焼き色をしっかりつけるのがポイントです。フライパンから煙が出てきても大丈夫。骨のまわりもしっかり焼きます。

2 全面に焼き色がついたら、玉ねぎ、にんじんを加え軽く炒める。しょうが、にんにくを加えて軽く炒める。はちみつを加え炒める。白ワインを加え軽く煮詰める。水、ローズマリーを加え、軽く塩、こしょうをふる。沸騰したらふたをして、弱火で約30分煮込む。醤油を回し入れて火を止める。
◎野菜は焦げないように、はちみつは少し焦がすイメージで。
◎白ワインは煮詰めることで味が凝縮します。煮詰まりすぎたら水を加えてください。

3 野菜を取り出し、粗熱がとれたら、フードプロセッサーでピューレにする。

ピューレの上にスペアリブをおき、ローズマリーを飾って、焼き汁をまわりにかけたらボナペティ～！

🍷この料理にはコレ！ 白ワイン

ボーレンベルク ゲヴュルツトラミネール
Bollenberg Gewürztraminer
生産者：ヴァランタン・チュスラン　Valentin Zusslin
生産地：フランス、アルザス地方
アルザスを代表するワインの一つ、ゲヴュルツトラミネール。華やかな風味で知られますが、これははちみつの香りが印象的です。

豚バラ肉スライスの煮込み

Sauté de poitrine de porc

▶ YouTube #135

難易度 ★☆☆　調理時間 10分

ふっくら豚バラ肉スライスに
プルーンと甘栗が
相性バツグン！

塊肉でもおいしいですが、家庭向けに素早く、簡単にできるようにバラ肉のスライスを使っています。ビーフストロガノフでも使うテクニックですが、スライスをくるくる巻いてから煮込むので、時間がかからず、しかも中がふっくら柔らかくなって美味。一緒に煮込むプルーンの甘みや甘栗のホクホクした食感が、また素晴らしい相性です。

●材料 (2人前)

豚バラ肉スライス ················· 8枚
むき甘栗 ······························· 6粒
プルーン ······························· 4粒
玉ねぎ (みじん切り) ··············· ¼個
にんにく (みじん切り) ·············· 1片
白ワイン ····························· ½カップ
はちみつ ························· 大さじ1
塩、白こしょう ····················· 適量
薄力粉 ································· 適量
オリーブオイル ················· 大さじ1
＊甘栗は、クラシエフーズの「甘栗むいちゃいました」を使用。

●つくり方

[準備]豚バラ肉スライスは片面に軽く塩、こしょうをふり、1枚ずつくるくる巻く。外側も軽く塩、こしょうをふり、薄力粉をまぶす。

◎巻き込むと内側は直接火が当たらないので、しっとり仕上がります。
◎煮込み料理の場合、薄力粉はとろみになるのでたっぷりつけたほうがおいしくなります。

1 中火のフライパンにオリーブオイルを熱し、豚肉の表面をカリカリに焼く。一度取り出す。
◎粉臭さが残らないようにしっかり焼き色をつけてください。

2 同じフライパンに玉ねぎ、にんにくを入れ炒める。
◎フライパンについた焼き目をとるように炒めます。

3 1、プルーン、甘栗、はちみつ、白ワインを加えて強火で1分強、煮詰める。

ボナペティ～！

肉・豚

●この料理にはコレ! 白ワイン

ピノ・グリ レルシェンベルグ
Pinot Gris Lerchenberg
生産者:マルク・クライデンヴァイス
Marc Kreydenweiss
生産地:フランス、アルザス地方
アルザスのピノ・グリです。この土地は比較的甘口が多いなか、酸味もしっかりあるタイプです。豚バラの脂分をさっと流してくれますよ。

バベットステーキ

Steak sauce verte ▶YouTube #500

難易度	調理時間
★☆☆	10分

※パセリソースを
つくる時間は除く

やっぱりステーキ!
パセリソースでさっぱりと。

肉・牛

全国の店舗は
どう経営しているの?

今、ミクニグループは北海道から沖縄まで13店舗もあるんです。僕は四ツ谷の本店にいましたが、毎日、全店にしっかり目を配ってますよ。経営者としても頑張ってるんです。各店の運営は料理長と支配人がよければうまくいく、というのが僕の持論。彼らが任を果たしているかどうかは僕が判断しますが、あとは二人を信頼して任せるだけ。営業成績とクレームを見れば、店がうまく回っているか一目瞭然なんです。だから毎日売り上げなどの数字とクレーム内容を見て、悪いところはすぐにつぶしていくんです。店を出してから37年間、このくり返しでした。クレームはグルメサイトの口コミを見ています。数字とクレームを真摯に受け止めて修正する。それは大事です。そのおかげで今があると思ってます。

「ご褒美めしは?」と聞かれたら、ステーキしかありません! ステーキにもいろいろありますから、ここでは美食の街リヨンの郷土料理、バベットステーキをご紹介しますね。日本だと横隔膜近くのサガリとかハラミという部位を使いますが、脂身の少ないおいしい赤身の部位です。シンプルに塩、こしょうで味をつけ、しっかり焼き色をつけながら豪快に焼きます。今回はアンチョビ入りのパセリソース添え。よく噛みしめて肉のうまみを楽しみましょう。

🍖材料(1人前)

牛ステーキ肉(サガリ、またはハラミ)
‥‥‥‥‥‥‥‥‥‥‥‥‥‥ 1枚
塩、黒こしょう ‥‥‥‥‥‥‥‥ 適量
オリーブオイル ‥‥‥‥‥‥ 大さじ1
パセリソース(P.114) ‥‥‥‥ たっぷり
＊強火で時間をかけて焼く時は、バターを使うと焦げるのでオリーブオイルだけを使います。

🍖つくり方

[準備] 牛肉の両面に塩、こしょうを強めにふる。

1 強火のフライパンにオリーブオイルを熱し、フライパンから煙が出る直前くらいで牛肉を入れ、焼く。
◎強火で表面をカリッと焼き上げて、肉汁を封じ込め、後は中火でじっくり中まで火を通していきます。浮いている部分はフライパンに押しつけて均等に焼き色をつけます。

2 裏返して中火のままアロゼ(P.11参照)しながら焼く。

パセリソースを広げた上に
牛肉をのせたら、
フライパンに残った肉汁を
かけてボナペティ〜!

🍷この料理にはコレ! 赤ワイン

ブルゴーニュ・パストゥグラン　Bourgogne Passetoutgrain
生産者:ドメーヌ・ヴァンサン・デュルイユ=ジャンティアル
Domaine Vincent Dureuil-Janthial
生産地:フランス、ブルゴーニュ地方
ブルゴーニュを代表する品種、ピノ・ノワールとガメでできています。チェリーの香りが強く、さわやかで上品です。

簡単ビーフシチュー
Beef stew à la minute

▶YouTube #101

難易度	調理時間
★☆☆	10分

2〜3時間煮込む味を たった5分でつくる! 時短で本格ビーフシチュー。

ビーフシチューはたいてい2〜3時間煮込んでつくりますが、これはア・ラ・ミニッツ――短時間で仕上げるレシピです。薄切りのカルビを使えば、5分ほど煮込むだけで本格派の味! 噛みごたえがあるのに柔らかくてジューシーで、シチューにぴったりの肉です。ご飯にも、パンやパスタにも合うおいしさです。

●材料(2人前)

牛カルビ (焼き肉用) ……………… 200g
玉ねぎ (くし形切り) ……………… ½個
マッシュルーム (厚めのスライス)
……………………………… 1パック
赤ワイン ……………………… ½カップ
デミグラスソース (HEINZ)
……………………… ½缶 (145g)
はちみつ ……………………… 小さじ1
塩、黒こしょう ……………………… 適量
オリーブオイル ……………… 大さじ1

●つくり方

[準備] 牛カルビに軽く塩、こしょうをふる。

1 中火のフライパンにオリーブオイルを熱し、牛肉を軽く焼く。玉ねぎ、マッシュルームの順に加えて軽く炒める。

2 赤ワイン、デミグラスソース、はちみつを加え、沸騰したら、弱火で約5分煮込む。
◎ソースの濃度が薄ければ、強火で軽く煮詰めます。玉ねぎに火が入ったら完成です。

ボナペティ〜!

京都の洋食屋さん 開店の裏話

僕は京都の祇園近くで洋食屋もやっています。「祇園 MIKUNI」です。「千年の都」と言われる京都に、土地に縁のない者が店を出すなんてなかなかできません。でも、いつか店が出せたらという願望はあった。だから、僕は時間をかけて人間関係を築いてきました。きっかけとなったのが、修業先の「アラン・シャペル」に来店された第220世東大寺別当・北河原公敬氏との出会い。帰国後、京の料理界の重鎮を紹介してくださり、その縁でいろいろな方とお付き合いすることができたんです。かくして30年。「ぜひ、ミクニの店を」との誘いを受け、念願かなったというわけです。京都人って実は洋食とかラーメンが好きらしいんです。フランス料理より絶対に受け入れられるはずと確信し、洋食屋のオープンとなりました。近い将来、お店は今のシェフの名前に変えるつもりです。僕はアドバイザーとして残ります。

肉・牛

オーストリア風
シャリアピン・ステーキ
Zwiebelrostbraten ▶YouTube #532

難易度 ★★☆　　調理時間 18分

オーストリアのおふくろの味。玉ねぎのフライの赤ワインソースがユニーク。

牛ステーキに、赤ワインと玉ねぎでつくるソースを添えています。オーストリアのおふくろの味の一つだそう。玉ねぎは揚げるようにして炒めたものを赤ワインのソースに少量入れ、焼いたステーキも合わせて少し煮る——ここがフランス料理と違うテクニックで独特の味をつくっています。フライパン一つでできますから、ぜひ試してください。

🍖材料（2人前）

牛ステーキ肉 ……………………… 2枚
ディジョンマスタード …………… 大さじ2
玉ねぎ（薄切り）……………………… 2個
パプリカパウダー ………… 約10ふり
ガーリックパウダー ……… 約10ふり
トマトペースト（KAGOME）
　　　　　　　　………………… ½袋（9g）
赤ワイン ……………………… 1カップ
ローリエ ………………………… 1枚
薄力粉 ………………………………… 適量
塩、黒こしょう ……………………… 適量
オリーブオイル …………… 大さじ5
バター（食塩不使用）………………… 50g

肉・牛

🍖つくり方

[準備] 牛ステーキ肉を肉叩きかラップを巻いた瓶を使って叩いて、半分くらいの厚さに伸ばす。包丁の切っ先で表面を複数か所刺して筋を切る。両面に軽く塩、こしょうをふり、片面にマスタードを塗って、薄力粉をまぶす。冷蔵庫に入れておく。
◎瓶の場合は重いので、重さを利用してふり下ろすくらいで十分です。

1　玉ねぎはキッチンペーパーで水気を拭き取り、2種類のスパイス、薄力粉の順にまぶす。
◎スパイスが好きな方は多めにかけてもいいですが、焦げやすくなるので注意してください。

2　強火のフライパンにオリーブオイルを熱し、玉ねぎの薄力粉をはたいてパラパラとほぐしながら入れる。中火にしてカリカリになるまで約5分揚げる。油から取り出す。
◎火加減がポイント。最初に少量の玉ねぎを入れて、玉ねぎから泡が出てくる熱さになったら全量を入れます。火が弱すぎると玉ねぎが油を吸ってべちゃっとなりますし、

強すぎると火が入る前に色だけついてしまいます。
◎取り出した玉ねぎは、キッチンペーパーの上に広げておくとパリパリになります。

3　同じフライパンを強火で熱し、牛肉をマスタードがついている面から焼く。両面に焼き色がついたら一度取り出す。
◎煮込むので焼き色をつけるだけで大丈夫です。

4　同じフライパンに赤ワインを入れ沸騰したら、トマトペースト、ローリエ、2の半量を加え、塩、こしょうをふる。牛肉をもどし、中火にしてバターを加えアロゼ（P.11参照）しながらしばらく煮る。

牛肉にソースをかけ、残りのフライドオニオンをたっぷりのせたら、ボナペティ〜！

テリーヌ・ド・カンパーニュ
Terrine de campagne

▶ YouTube #356

難易度	調理時間
★★☆	70分

※粗熱をとり冷蔵庫で
2～3日寝かせる時間は除く

混ぜて焼くだけ！ワイルドでシンプルな田舎風テリーヌ。

田舎風テリーヌという、フランスの定番料理です。湿度が高く、豚肉をサラミや生ハムとして保存しにくかった北部でよくつくられたと言われます。さまざまなレシピがありますが、どれよりもシンプルで、かつおいしい仕立てです。フランスでは豚だけでなく鶏、鴨、ウサギ、鹿などいろんな肉を使います。野生味豊かなプロ好みの味ですよ。

🍖材料（880mlのパウンド型1個分）

豚ひき肉 ……………………… 500g
鶏レバー ……………………… 200g
ベーコン ……………………… 10枚
素煎りピスタチオ（食塩・植物油不使用）
………………………………… 180g
生クリーム …………………… 80ml
カルバドス（なければりんご）…… 40ml
ローリエ ……………………… 1枚
牛乳 …………………………… 適量
塩 ……………………………… 7g
黒こしょう …………………… 3g

＊カルバドスはりんごの蒸留酒です。お子様が食べる場合はりんごを使ってください。皮をむいてみじん切りか、すりおろしたものをこして果汁を使います。他のブランデーやポルトでも。
＊本来は生のピスタチオを使いますが、ご家庭では煎ったもので大丈夫です。

🍖つくり方

[準備] 鶏レバーを牛乳に浸ける（約10分）。その間に、ピスタチオの殻をむき、オーブンを210℃に温める。レバーを牛乳から取り出し、筋をとってみじん切りにする。
◎レバーは牛乳に浸けることで臭みが和らぎます（夏は冷蔵庫に入れてください）。包丁の刃元を使うとよく切れます。

1 ボウルに豚ひき肉、レバー、塩、こしょうを入れしっかり練る。カルバドス、生クリームも加えしっかり練る。
◎よく練って粘りを出したほうがおいしくなります。

2 粘りが出たら、ピスタチオを合わせる。
◎ピスタチオは粒が壊れないよう最後に合わせます。

3 型にベーコンを少し重ねるように並べる。2を詰め、ベーコンで閉じて上から手で押さえる。5cmほどの高さからタオルをしいた台に型ごと50回くらい落として空気を抜く。上にローリエをのせ、全体をアルミホイルで二重に包む。
◎空気をしっかり抜くのがポイントです。

4 210℃のオーブンで25分焼く。アルミホイルをはずして再び25分焼く。この後、粗熱がとれるまでオーブンの余熱で火を通す。室温で冷ましたら、上にバットと重しをのせて2～3日冷蔵庫で寝かせる。バットの中に型ごと入れて、まわりに沸騰した湯を入れ温めたら型から抜く。

3

最後にベーコンで全体を包めるように、端を長めに器から出しておきます。

◎アルミホイルの中に溜まった汁は、テリーヌにかけてください。
◎焼いた後すぐに冷蔵庫に入れないでください。重しをのせて冷蔵庫でじっくり休ませると形もととのい、味がなじんでおいしくなります。僕は開封前の牛乳パックを重しにしました。

切り分けたら、ボナペティ～！

🍷この料理にはコレ！ 白ワイン

アンドロー リースリング
Andlau Riesling
生産者：マルク・クライデンヴァイス
Marc Kreydenweiss
生産地：フランス、アルザス地方
黄桃やかりんの風味がとてもパワフルです。リースリングの甘みが、ジビエっぽさのあるテリーヌ・ド・カンパーニュにぴったり寄り添ってくれますよ。

肉
その他

ジャンボン・ペルシエ
Jambon persillé ▶YouTube #427

難易度 ★★☆☆

調理時間 15分
※一晩冷やし固める時間は除く

フランスの惣菜店の定番！パセリが入ったハムのゼリー寄せ。

ブルゴーニュ地方の郷土料理、パセリ入りハムのゼリー寄せです。どの惣菜店にも必ずあるくらい、フランス人は大好きです。本来は骨や皮つきの塩漬け豚を煮汁で固めてつくりますが、簡単にハムとゼラチンで再現しています。パセリはたっぷりの量を入れてこそ、味が決まります。冷製であっさりしているので、暑い夏にぜひどうぞ。

🍖材料(直径10cmのココット2〜3個分)

スライスハム(1.5cm角に切る)‥ 210g
玉ねぎ(みじん切り)‥‥‥‥‥‥ 40g
にんにく(みじん切り)‥‥‥‥‥ ¼片
パセリ(みじん切り)‥‥‥‥‥‥ 35g
粉ゼラチン‥‥‥‥‥‥‥‥‥‥ 5g
水‥‥‥‥‥‥‥‥‥ 130ml+20ml
白ワイン‥‥‥‥‥‥‥‥‥ ¼カップ
塩、こしょう‥‥‥‥‥‥‥‥‥ 適量
バター(食塩不使用)‥‥‥‥‥‥ 10g
ディジョンマスタード‥‥‥‥‥‥ 適量
バゲット‥‥‥‥‥‥‥‥‥‥‥ 適量
＊ブロックのハムをさいの目に切ってつくると、本格的になります。

肉
その他

🔖つくり方

[準備] 粉ゼラチンは水(20ml)でもどしておく。

1 中火のフライパンにバターを熱し、玉ねぎ、にんにくの順に入れて軽く炒める。ハムを加え炒める。軽く塩、こしょうをふる。
◎白いゼリーなので玉ねぎとにんにくに色がつかないように炒めてください。

2 白ワインを加えて強火で軽く煮詰める。水(130ml)を加えて、塩、こしょうをふる。沸騰したらゼラチンを加え、火を止める。ボウルに移し粗熱をとる。
◎ワインを入れたら、軽く煮詰めてアルコールを飛ばし、またうま味を凝縮させるのがポイントです。
◎急いでいる時はボウルの下に氷水を当てて冷やしてください。熱いうちにパセリを入れると色が飛んでしまいます。

3 パセリを加えて混ぜる。塩、こしょうで味をととのえる。ココットに移し、上から押しつけたら、ラップをして冷蔵庫で一晩固める。少量の湯を入れたバットにココットを入れてゼリーを少し溶かし、縁に包丁を一周させて、型から抜く。

トーストしたバゲットにのせて、マスタードを塗ったら、ボナペティ〜！

🍷**この料理にはコレ!** 白ワイン

マコン＝シャルネ ル・クロ・サン＝ピエール
Mâcon-Charnay Le Clos Saint-Pierre
生産者:メゾン・ベルジェ　Maison Verget
生産地:フランス、ブルゴーニュ地方
質のよいシャルドネが味わえます。トーストを焦がしたような香りがちょっとしたり、和ナシのみずみずしい感じの味もあっておいしいです。

とろ～りクリーム コロッケ

Croquette de jambon-fromage ▶YouTube #490

難易度	調理時間
★★☆	15分

※一晩冷やし固める時間は除く

冷凍してから揚げれば簡単! 中はとろとろフランス流 クリームコロッケ。

フランスでコロッケといえば、ベシャメルソースでつくるクリームコロッケ! 柔らかくて扱いが大変ですが、中のたねを薄くして冷凍で固めておくと、形が決まって揚げるのがラクです。今回の具はハムとチーズ。揚げたてを食べると、とろっとろです。日本とフランスのコロッケの違いを感じ取ってください。どちらもグーです!

●材料（4人前）

ベシャメルソース

薄力粉	30g
牛乳	1½カップ
バター（食塩不使用）	30g
ナツメグ	適量
スライスチーズ（1.5cm角に切る）	4枚
スライスハム（1.5cm角に切る）	8枚
塩、白こしょう	適量
薄力粉	適量
溶き卵	適量
パン粉	適量
揚げ油	適量

＊チーズはチェダーを使っていますが、何でもよいです。
＊ハムはベーコンにしてもおいしいです。

●つくり方

[準備]牛乳を温めておく。バットにラップをしく。

1 **ベシャメルソース**をつくる（P.13参照）。
◎ゆるいと揚げた時に溶けてしまうので、よく練って濃度をつけてください。

2 ハム、チーズを加え、塩、こしょうをふってヘラで混ぜ合わせる。バットに広げてラップをかぶせ、冷凍庫で一晩冷やし固める。

3 冷蔵庫に少し入れて温度をもどしてから、8等分に細長く切る。薄力粉→溶き卵→パン粉の順につけ、160～170℃の油で5～6分揚げる。
◎冷凍した生地が溶けると形が崩れるので、揚げるまでは手早くやってください。
◎生地に火は通っているので、浮いて、焼き色がついたら取り出します。
◎油が黒くなるとくり返し使えません。揚げたカスはきれいに取り除いて、最後に布でこすのがおすすめです。

ボナペティ～!

肉
その他

●この料理にはコレ! 白ワイン

シャトーヌフ＝デュ＝パプ ブラン
Châteauneuf-du-Pape Blanc
生産者:ドメーヌ・ド・ボールナール
Domaine de Beaurenard
生産地:フランス、ローヌ地方
赤ワインで有名なシャトーヌフ＝デュ＝パプの白バージョンです。色がきれいですね。ピーチの香りがほんのり漂い、塩気も感じます。

ブルーチーズソース ハンバーグ

Steak haché au bleu d'auvergne ▶YouTube #461

難易度	調理時間
★☆☆	15分

**ブルーチーズ好きにはたまらない！
三國シェフもトリプルグー！**

みなさんの大好きなハンバーグに、ブルーチーズのソースを組み合わせます。僕はブルーチーズが大好きなので、この料理はたまりません。チーズの塩気を生かして、生クリームと牛乳でのばすだけの簡単なソース。ステーキにも鶏肉などの白い肉にも合う万能ソースですから、お好きな方はぜひ。おいしさの大発見になると思います！

◉材料 (2人前)

ハンバーグ

合いびき肉	200g
玉ねぎ(みじん切り)	¼個
パン粉	20g
牛乳	大さじ2
卵	1個
ナツメグ	少々
塩、黒こしょう	適量
オリーブオイル	大さじ1

ブルーチーズソース
　　　　　　　　仕上がりの半量
水　　　　　　　　　　　　適量
＊ブルーチーズソースは時間がたって固くなっていたら少量の牛乳で伸ばす。

◉この料理にはコレ！ 白ワイン

ヴーヴレ ル・モン ドゥミ＝セック　Vouvray Le Mont Demi-Sec
生産者:ドメーヌ・ユエ　Domaine Huet
生産地:フランス、ロワール地方
塩気のきいたブルーチーズソースに合わせたセレクトです。貴腐ワインのように甘口で、はちみつやアプリコットの風味が素晴らしいです。

◉つくり方

[準備] ボウルにパン粉と牛乳を合わせておく。
　◎玉ねぎはシャキシャキ感を残したいので炒めません。

1 ボウルに**ハンバーグ**の材料を入れ白っぽくなるまでよく混ぜ合わせる。2等分に分けておく。
　◎よく練って空気を入れると粘りが出てきて、赤い肉が白っぽくなります。

2 中火のフライパンにオリーブオイルを入れ、手にオリーブオイル(分量外)をつけて1をラグビーボール形に成形し、焼く。何回か裏に返して、焼き色がついたら一度取り出す。フライパンに残っている油を捨てる。
　◎ハンバーグは真ん中が膨らんでくるので成形する時に軽く凹ませておいてください。フライパンの縁にハンバーグを沿わせると自然に丸くなります。
　◎空気が入っていてすぐ焼き色がつくので気をつけてください。

3 同じフライパンを中火で熱し、ブルーチーズソースを入れ、ハンバーグをもどす。ソースをハンバーグにかけて、ふたをして弱火で3分煮込む。中火にし、煮詰まっていたら水を加える。何回か裏に返し、アロゼ(P.11参照)しながらソースを煮詰める。

ソースをたっぷりかけたら、ボナペティ〜！

●●●●●●●●●●●●●●●●●
ブルーチーズ ソース

Sauce au bleu ▶YouTube #460

難易度	調理時間
★☆☆	6分

◉材料

ブルーチーズ	100g
生クリーム	½カップ
牛乳	½カップ
黒こしょう	お好みで

＊ブルーチーズは、リーズナブルなものでも十分おいしくできます。

◉つくり方

1 鍋に牛乳、ブルーチーズを入れ、混ぜながら約4分、沸騰しないように温める。生クリームを加えたら一度沸騰させる。火を止めて、黒こしょうをふる。

肉
その他

チーズ in ハンバーグ

Steak de Hambourg au fromage ▶YouTube #693

難易度	調理時間
★★☆	20分

赤ワイン×お好みソースが濃厚!チーズが漏れないように気をつけて。

ハンバーグに溶けるチーズを詰めて、お好みソース入り濃厚赤ワインソースをかけています。ソースもハンバーグもとろっとろですよ。チーズは2種類を使っていますが、モッツァレラを使うとあっさりしてグー。チーズが外に漏れないように中心に平らに詰め、肉の表面をつるつるに仕上げると、割れ目ができずにきれいに焼き上がります。

◉材料（2人前）

ハンバーグ

合いびき肉	200g
玉ねぎ（みじん切り）	¼個
パン粉	20g
牛乳	大さじ2
卵	1個
ナツメグ	適量
塩、黒こしょう	適量
モッツァレラチーズ（4等分）	50g
ピザ用チーズ	25g

ソース

お好みソース（オタフク）	60g
赤ワイン（なければ白）	60ml
オリーブオイル	適量

◉つくり方

[準備] パン粉は牛乳に浸しておく。

1 ボウルに**ハンバーグ**の材料を入れて、白っぽくなるまでよく混ぜ合わせる。
◎よく練って空気を入れると粘りが出てきて、赤い肉が白っぽくなります。

2 手にオリーブオイルを塗って1を4等分する。¼量を平たくした上にモッツァレラチーズとピザ用チーズを半量ずつのせ、残りの¼量でサンドし、楕円形に成形する。冷蔵庫で2〜3分冷やして生地を締める。
◎生地に割れ目ができてチーズが出てこないように、表面をつるつるに仕上げて、チーズは平たく挟むのがポイントです。

3 中火のフライパンにオリーブオイルをひいて、ハンバーグを入れる。フライパンの縁を利用して丸くしながら、何度も裏に返して約10分じっくり焼く。取り出す。
◎ハンバーグが割れてチーズが溶け出してこないように、丁寧に焼いてください。

4 同じフライパンにソースの材料を入れて、強火でとろみが出るまで煮詰める。
◎煮詰まりすぎたら、水で調整してください。

ハンバーグにソースをかけたら、ボナペティ〜!

肉
その他

◉この料理にはコレ! 赤ワイン

ペルリータ　Perlita
生産者:ボデガ・ディアマンデス　Bodega DiamAndes
生産地:アルゼンチン、メンドーサ州
アルゼンチンにもおいしいワインがあるんです。マルベックとシラーの品種でつくったこのワイン、バニラとプラムの香りが素晴らしいです。

魚介料理
Poissons
Crustacés

カニクリームコロッケ

Croquette de SURIMI ▶YouTube #315

難易度 ★★☆
調理時間 15分
※じゃがいもを下茹でする時間、成形前の冷ます時間は除く

カニカマでつくる
フランス流×日本流のコロッケ。

最近はフランスでもカニカマが人気。「SURIMI（スリミ）」の名前で売られています。フランスでポピュラーなベシャメルベースのコロッケに、日本の定番じゃがいもコロッケを合体し、そこにカニカマをたっぷり使うこの料理はおいしくって、ほどよいクリーミー感があっていいとこどりです。もちろんカニ缶でつくってもグーです。

🦀材料（2人前）

カニカマ（ほぐす）……………… 100g
玉ねぎ（みじん切り）……………… ½個
じゃがいも ……………………… 1個
バター（食塩不使用）……………… 10g
レモン（横に2等分）……………… 1個
ベシャメルソース
 バター（食塩不使用）…………… 15g
 薄力粉 …………………………… 15g
 牛乳 ………………………… ¾カップ
 塩、白こしょう ………………… 適量
薄力粉 …………………………… 適量
溶き卵 …………………………… 適量
パン粉 …………………………… 適量
揚げ油 …………………………… 適量
オリーブオイル ………………… 適量

＊レモンは搾りやすいように切り口に包丁を放射状に入れます。皮の縁を細くむきながら1周し、つなげたまま結び目をつくるとおしゃれです。
＊パン粉は粗い日本式でも、細かいフランス式でもどちらでもいいです。

🦀つくり方

[準備] じゃがいもは茹でて皮をむき、つぶす。牛乳は温めておく。

1 **ベシャメルソース**をつくる（詳しくはP.13参照）。中火の鍋にバターを熱し、薄力粉を加え、木ベラで混ぜながらよく炒める。火を止めて、牛乳を少しずつ加えよく混ぜる。じゃがいもを加えよく混ぜる。全体がよく混ざったら、火にかけて濃度を調節する。塩、こしょうをふる。
◎白い料理なので色をつけないように注意してください。温めた牛乳を混ぜることでダマになりません。
◎じゃがいもベースのコロッケはかなりガッシリとまとまりますが、ベシャメルだけのものはゆるくて柔らかい。両方を合わせるこの方法はフランス流と日本流のいいとこどりです。

2 中火のフライパンにバターを熱し、玉ねぎを炒める。カニカマを加え炒める。火を止めて、1を加え混ぜる。バットに広げて冷ます。
◎玉ねぎも色をつけないように注意してください。

3 手にオリーブオイルをつけて2を好きな形に成形し、薄力粉→溶き卵→パン粉の順にまんべんなくつけて、170〜180℃の油でカリッと揚げる。
◎パン粉を少量、油に入れてみて、すぐにパッと揚がらないくらいが適温です。
◎中はすでに火が通っているので、表面の衣がカリッとなり色がついたらOKです。

レモンを添えたら、
ボナペティ〜！

魚介

🍷**この料理にはコレ！** 白ワイン

ローズマウント ダイヤモンド ラベル シャルドネ
Rosemount Diamond Label Chardonnay
生産者：ローズマウント・エステート　Rosemount Estate
生産地：オーストラリア
オーストラリアのワインは白も赤も非常にレベルが高いんですよ。このシャルドネはアーモンドの香りが少しあって素晴らしいです。

ラックス プディング
Laxpudding ▶YouTube #585

難易度 ★★☆

調理時間 65分 ※じゃがいもを塩茹でする時間は除く

スウェーデンの家庭料理。サーモンとじゃがいもで、シンプルなのに上品な味。

スウェーデンの伝統的な家庭料理です。ラックスはサーモンのことで、じゃがいもなどと重ねてプディング仕立てにします。欧米の人はマグロよりサーモンが大好き！ シンプルですが、こんなおしゃれな料理もつくっちゃうんですよ。サーモンと好相性のディルは、たっぷり入れるくらいがちょうどよいです。寒い時期に温まってください。

◉材料（4人前）

生サーモン ……………………… 400g
じゃがいも …………………………… 5個
玉ねぎ（厚めのスライス）………… 2個
ディル（ちぎる）………………… 5枝
バター（食塩不使用）……… 20g+30g
卵液
　卵 ……………………………………… 2個
　牛乳 ………………………… 1カップ
塩、こしょう ………………………… 適量
＊バターの量はたっぷりありますが、お好みで調整してください。気になる方はオリーブオイルでもいいです。

◉つくり方

[準備] じゃがいもは塩茹でして皮をむき、厚さ8mm程度の薄切りにする。生サーモンは皮つきのまま一口大のそぎ切りにし、小骨を取り除いて、軽く塩、こしょうをふる。オーブンは180℃に温めておく。

◎じゃがいもは生だとオーブンだけでは火が通りにくいので、茹でたものを使ってください。ミルフイユのように重ねるので薄めに切ります。

1 中火のフライパンにバター（20g）、玉ねぎを入れ、軽く塩、こしょうをふる。玉ねぎの甘みを引き出す程度に炒める。
◎オーブンで焼くので炒めすぎないでください。

2 ボウルに卵液の材料を混ぜ合わせ、軽く塩、こしょうをふる。

3 耐熱容器にバター（30g）を雑に塗り、じゃがいも、玉ねぎ、サーモン、ディル、玉ねぎ、じゃがいもの順に重ねる。隙間にもじゃがいもを入れて、上から押しつける。

4 卵液を流し入れ、180℃のオーブンで50分焼く。

切り分けたら、ボナペティ〜！

魚介

◉この料理にはコレ！ ロゼスパークリング

ロゼ・ゼクト・トロッケン　Rosé Sekt Trocken
生産者：フュルスト・フォン・メッテルニヒ
　　　　Fürst Von Metternich
生産地：ドイツ、ラインガウ地方
ドイツのスパークリングワインのロゼです。品種はピノ・ノワール（ドイツ語でシュペートブルグンダー）。いちじくの香りがうっすらとしてさわやかです。

海老のアヒージョ

Gambas al ajillo
(Spanish garlic shrimp)

▶YouTube #546

難易度	調理時間
★★☆	15分

汁が絶品！ 海老のうま味を味わう スペインの定番料理。

アヒージョは日本でも大人気ですね。にんにく風味のオリーブオイルで海老などの具材を煮たものです。海老でつくる時はぜひ有頭で。最初に頭と殻を揚げるように炒め、オイルにうま味と香りを移しておけば、海老の身を煮込んだ時に風味が増してとてもおいしくなります。残った汁はうどんやラーメンを入れたり、ご飯でおじやにしたりしてもグーです。

材料（2人前）

海老（有頭）	8尾
オリーブオイル	¾カップ
赤とうがらし	½本
にんにく（薄切り）	½片
白ワイン	大さじ2
塩、こしょう	適量
バゲット	お好みで
パセリ（みじん切り）	お好みで

つくり方

[準備]海老はよく洗い、頭と殻をはずし、身から背ワタを取り除く。

1 強火のスキレットにオリーブオイル、海老の頭と殻、にんにく、赤とうがらしを入れる。木ベラで海老の頭をよくつぶしながら、しっかり炒め焼きする。軽く塩、こしょうをふる。火が通ったら中火にし、木ベラでつぶし続ける。香りが十分出たら、火を止めて、海老の頭と殻を取り出す。
◎海老をつぶすことで、うま味と香りがオリーブオイルに染み込みます。木ベラでつぶせるなら、ほぼ火は通っています。

2 1のスキレットに海老の身を入れて、弱火～中火でじっくり火を通す。強火にして白ワインを加えアルコールを飛ばす。
◎強火だと海老が揚がってパサついてしまうので、弱火～中火でしっとり仕上げます。

バゲットと一緒に
ボナペティ～！

◎お好みで最後にパセリを入れてください。

この料理にはコレ！ 白ワイン

アバディア・デル・ロブレ ブランコ　Abadía del Roble Blanco
生産者：ボデガス・アユソ　Bodegas Ayuso
生産地：スペイン、ラ・マンチャ州
スペインの代表的なぶどう、アイレン種からつくられています。グレープフルーツと、若干のグリーンアスパラガスの香りがあり、魚介向きです。

魚介

焼き鮭のリエット
Rillettes de saumon

▶YouTube #266

難易度 ★★☆

調理時間 15分 ※準備にかかる時間は除く

じゃがいもとヨーグルトで
ヘルシーなリエット。
ゆずこしょうがアクセントに。

リエットは豚肉のものが有名ですが、魚でもつくれます。豚肉が油脂で何時間も煮るのに比べ、魚なら焼いて混ぜるだけと超簡単。しかも、このレシピはじゃがいもとヨーグルトで仕上げるのでヘルシーです。ポイントは「手でつぶす、ほぐす」。さっくりと混ぜてください。マヨネーズやスモークサーモン、ハーブなどを添えればリッチなひと皿になりますよ。

◉材料（2〜4人前）

塩鮭（甘塩の切り身）	4切れ
じゃがいも	1個
水切りヨーグルト	100g
バター（食塩不使用）	30g
塩、白こしょう	適量
ゆずこしょう	お好みで
オリーブオイル	大さじ1
バゲット	適量

＊水切り前のヨーグルトは約150g。ギリシャヨーグルトを使うと水切り時間が短くてすみます。
＊バゲットはくるみとレーズンの入ったものを使用。甘みやコクがリエットのアクセントになります。

◉つくり方

[準備] キッチンペーパーを重ねたザルにヨーグルトを入れて2〜3時間おき、水切りする。じゃがいもは塩茹でして皮をむく。バゲットは薄切りにしてトースターでカリッと焼く。塩鮭は骨を取り除く。

◎ヨーグルトは、しっかり濃度をつけたいなら一晩水切りしてもいいです。

1 中火のフライパンにオリーブオイルを熱し、鮭を皮目からじっくり焼く。皮がパリパリに焼けたら弱火にして身を焼く。取り出して、皮をはがし、身をほぐす。
◎皮は焦がさないように、煎餅のようにカリカリに焼くのがポイントです。

2 ボウルにじゃがいもを入れてつぶし、鮭の身、バターを加えてつぶしながら混ぜる。水切りヨーグルト、ゆずこしょうを加え軽く混ぜ合わせる。塩、こしょうで味をととのえる。
◎じゃがいもは温かいうちに調理したほうがつぶしやすく、味もよくなります。
◎少し塊が残る感じで、全体を混ぜすぎないほうが、食材の存在感が出て僕は好きです。

バゲットにのせて、
鮭の皮を添えたら、
ボナペティ〜！

魚介

ヤリイカのソテー
Calamars sautés

 ▶YouTube #257

難易度	調理時間
★★☆	20分

セロリとレモンでさっぱりと。
イカとアンチョビで、
白ワインが止まらない！

ヤリイカは柔らかくて、味もとびきりおいしいです。旬の1〜3月にはぜひつくってください。セロリと一緒にソテーして、レモンの酸味を加えた料理です。塩、こしょうは使わないんですよ。味のベースはアンチョビの塩味とうま味。イカのワタも最後に和えて風味をつけます。おしゃれで素敵な前菜になりますよ。

🍴材料（2人前）

ヤリイカ	2はい
セロリ（厚めの斜め切り）	½本
アンチョビ	4枚
にんにく（みじん切り）	1片
レモン	1個
パセリ（みじん切り）	1枝
オリーブオイル	大さじ1

🍴つくり方

[準備] ヤリイカは下処理し、食べやすい大きさに切る。ワタは刻む。レモンは半分に切り、半分はレモン汁を搾り、半分は飾り切りにする（P.78参照）。
　◎イカの皮はキッチンペーパーを使うとはがしやすいです。

1 中火のフライパンにオリーブオイルを熱し、セロリ、アンチョビ、にんにくを順に加えて、そのつど軽く炒める。
　◎アンチョビは水分を飛ばすようによく炒めると臭みがとれます。

2 強火にし、ヤリイカをゲソ、耳、胴体の順に加え炒める。ワタを加えて炒める。
　◎鮮度のよいイカなら軽く炒める程度に。鮮度が落ちているならしっかり炒めてください。

3 レモン汁を加えて火を止める。パセリを加え合わせる。

飾り切りのレモンを添えたら、
ボナペティ〜！

魚介

🍴この料理にはコレ！ 白ワイン

クール＝シュヴルニィ　フランソワ・プルミエ　Cour-Cheverny François 1er
生産者：ドメーヌ・デ・ユウアール　Domaine des Huards
生産地：フランス、ロワール地方
ロワール地方の希少な土着品種、ロモランタン100％でできています。レモンの皮やかりんなどが香る、フレッシュ感あふれる白ワインです。

タラのポシェ ブール・ノワゼット のソース

Beurre noisette

▶YouTube #159

難易度	調理時間
★★☆	15分

本格フレンチソースの 簡単魚料理。焦がしバター ×醤油のソースが絶品!

ノワゼットとはヘーゼルナッツです。その色や香りが出てくるまでバターを軽く焦がしたものがブール・ノワゼット。一般にはレモン汁などを加えて味をととのえ、ソースとして使います。今回はその応用編で、レモンの他に醤油や玉ねぎなどを加え、やさしく茹でたタラに添えます。バターと醤油が見事に合って、驚きですよ。

魚介

●材料（4人前）

ソース

バター（食塩不使用）	100g
レモン汁	小さじ2
玉ねぎ（みじん切り）	40g
にんにく（みじん切り）	½片
醤油	小さじ2
タラ（切り身）	4切れ
ミニトマト	12個
昆布	長さ15cm
水	ひたひたの量
塩、白こしょう	適量

●つくり方

[準備]タラは小骨を抜き、皮目に二本線の飾り包丁を入れる。両面に軽く塩、こしょうをふる。

1 鍋に湯を沸かし、昆布とタラを入れる。静かに沸騰する火加減に落として約5分茹でる。軽くアクをとり、プチトマトを加える。タラに火が入ったら火を止める。

準備

皮に飾り包丁を入れると火が通りやすくなります。

2 その間にソースをつくる。中火のフライパンにバターを入れる。ゆすりながら溶かし、ほんのり茶色に色づいてきたら、玉ねぎ、にんにくを加えよく炒める。レモン汁、醤油を加えて混ぜたら火を止める。
◎真っ黒に焦がさないように。仕上がった時点で濃い茶色になるのがちょうどよいタイミングです。

タラとトマトの水気を切って
皿に盛りつけ、
ソースをかけたら、
ボナペティ～!

◎使い終わった昆布は、捨てずに刻んで佃煮などに再利用してください。

サーモンの カルパッチョ
Carpaccio de saumon

▶YouTube #072

難易度 ★☆☆

調理時間 8分

※食器を冷やしておく時間は除く

食器を冷やしておくのが重要！
コリコリした野菜がアクセントに。

カルパッチョは元は牛肉の料理ですが、今は魚介が主流ですね。サーモンの他、タイ、ヒラメ、カンパチ……と刺身用なら何でもOK。生を薄く切って平らに盛りつけるのがルールです。きゅうりとオリーブはコリコリした歯ごたえが出る形に切ると、フレッシュ感が出て食感のアクセントにも。ドレッシングは食べる直前にかけてください。

●材料（2人前）

サーモン（刺身用） ……………… 150g
きゅうり（さいの目切り） ………… ¼本
黒オリーブ（4等分） …………… 3個
イタリアンパセリ ……………… 少々
ドレッシング
　赤ワインビネガー
　　（なければ白ワインビネガーか米酢）
　……………………… 大さじ1
　オリーブオイル ………… 大さじ1
　玉ねぎ（みじん切り） …………… 20g
塩、白こしょう ………………… 適量
＊魚は刺身用なら何でもOK。
＊塩は天然塩がおすすめ。

●つくり方

[準備] 盛りつける皿を冷やしておく。
　◎カルパッチョの温度が上がらないよう、盛り皿を冷やしておくのは大事なポイントです。
1　サーモンは血合いの部分をそいで、薄くそぎ切りにし、皿に平らに並べる。軽く塩、こしょうをふる。
2　きゅうり、黒オリーブを飾り、イタリアンパセリの葉をちぎりながら飾る。
3　ボウルに**ドレッシング**の材料を入れ、軽く塩、こしょうをふり、スプーンで混ぜ合わせる。2の上からかける。
　◎ドレッシングの玉ねぎを、スプーンで全体にパラパラとちらすようにかけるときれいです。

ボナペティ～！

魚介

●この料理にはコレ！ ロゼシャンパーニュ

ジャッカール・ロゼ・モザイク　Jacquart Rosé Mosaïque
生産者：ジャッカール　Jacquart
生産地：フランス、シャンパーニュ地方
カルパッチョにはシャンパンがベストですね。なかでもロゼのシャンパンが超おしゃれ。両方の酸味が呼応してベストマッチングですよ。

スープ
Potages
Soupes
ODEN

にんにくスープ

Tourin Blanchi ▶YouTube #396

難易度 ★☆☆　調理時間 25分

にんにくがホコホコ！
夏にもぴったりフランス風卵とじ。

フランス南西部の地方料理です。和食でも卵とじがありますが、このスープも白身と黄身に分けて卵とじにするんです。親近感がわくでしょ。にんにくは芽の小さい新にんにくが向いていて、刻まずに丸ごと煮たほうがホクホクして最高です。ブイヨンを使わなくてもうま味は十分。酸味がきいているので食欲のない時でもあっさり食べられて元気が出ますよ！

＊バゲットは硬くなったもので大丈夫です。
＊フランスの地元では鴨の脂で炒めるんですよ。

◉材料（4人前）

にんにく（芽を取り除く）…………… 1個
玉ねぎ（みじん切り）…………… ½個
薄力粉 ………………………… 大さじ1
水 …………………………… 750ml
白ワインビネガー
　（好みでバルサミコ酢でも）
　……………………………… 大さじ1½
卵 …………………………………… 2個
塩、白こしょう …………………… 適量
オリーブオイル …………… 小さじ2
バゲット ………………………… 適量

＊にんにくは、皮をむいて70gくらいを使用。塊のにんにくが苦手な方は、薄切りにしてください。

◉つくり方

[準備] 卵は卵黄と卵白に分けて溶いておく。卵黄にはビネガーを合わせる。バゲットをカリカリにトーストする。

1 中火の鍋にオリーブオイルを熱し、にんにく、玉ねぎ、薄力粉の順に加えてそのつどよく炒める。
　◎色をつけないようにゆっくり炒めてください。

2 水を加え強火にし、塩、こしょうをふる。沸騰したら軽くアクをとり、弱火で約15分煮込む。
　◎コトコト煮てにんにくを柔らかくします。

3 中火にして卵白、卵黄の順に流し入れ、そのつどよくかき混ぜる。沸騰したら火を止めて塩、こしょうで味をととのえる。バゲットをちぎって入れる。

ボナペティ〜！

三國シェフの日課

仕事の日は午前中から夜中までレストランにいますよ。僕の食事はほぼ決まっていて、昼のまかないはそうめんと刺身とサラダ。一年中同じです。そうめんが大好きなので僕だけの特別メニューね。夕方はスタッフと一緒にまかないをちょっとだけつまみ、営業後に近くで外食。これも店は決まっていて、立ち食い寿司、イタリアン、焼き鳥屋、居酒屋の4軒を全部回るか、1、2軒だけにするか、その時の気分と体調次第！　お酒ももちろん飲みますよ。最近は量を抑えつつね。休日はというと、寝ているだけ。食事も外食で何もつくらないから、プライベートの取材は一切受けない。というより、何もしてないから受けようがないんです（笑）。

スープ

◉この料理にはコレ！ 白ワイン

クラシック・コレクション シュナン・ブラン　Classic Collection Chenin Blanc
生産者：KWV　ケイ・ダブリュー・ヴィ
生産地：南アフリカ、西ケープ州
ボディがあってかりんの風味が追いかけてきます。気持ち甘めですね。にんにくのパワフルなスープとの相性はバッチリです。

にんじんスープ

Soupe de carotte ▶YouTube #606

難易度 ★★☆

調理時間 20分 ※チキンブイヨンをつくる時間は除く

にんじんのピュアな味と香りがおいしい!

材料はにんじんと玉ねぎと、自家製のチキンブイヨンだけ! にんじんのピュアなうま味や香りを感じ取ってほしいです。季節や種類によって、にんじんは味が薄かったり、甘くなかったり、青い香りが強かったりしますが、ブイヨンと玉ねぎがあれば安心。フランスでははちみつやオレンジジュースを加えることもあり、期待以上のおいしさになりますよ。

●材料(2〜3人前)

にんじん(薄めのいちょう切り)‥‥‥ 200g
玉ねぎ(薄切り)‥‥‥‥‥‥‥‥‥ 50g
オリーブオイル‥‥‥‥‥‥ 大さじ½
自家製チキンブイヨン(P.91)
‥‥‥‥‥‥‥‥‥‥‥‥‥‥ 2カップ
スパイス‥‥‥‥‥‥‥‥‥ お好みで
塩、白こしょう‥‥‥‥‥‥‥‥ 適宜

＊にんじんは茎の根元が細くて、全体につやのあるものがおいしいです。
＊スパイスはカルダモンパウダーを使用。ジンジャーパウダー、クミンパウダーもおすすめです。

●つくり方

[準備]自家製チキンブイヨンをつくる。

1 中火のフライパンにオリーブオイルを熱し、玉ねぎを炒める。玉ねぎがしんなりしたら、にんじんを加え、しんなりするまで炒める。
◎にんじんだけではあまり甘みが出ないので、玉ねぎから甘みを引き出します。野菜の水分を出しながら炒める方法は、野菜から一番甘みが出る技法です。強火ではいけません。また甘みがどうしても物足りなければ、はちみつなどで補ってもOKです

2 チキンブイヨンを加え、沸騰したら2〜3分煮込む。
◎アクはとりません。

3 粗熱がとれたら、ミキサーにかける。フライパンにもどして一度沸騰させる。塩、こしょうで味をととのえる。
◎にんじんのパワーで自然にとろみがつきます。

スパイスをふって、
ボナペティ〜!

スープ

●この料理にはコレ! 白ワイン

ヴァントゥー ブラン　Ventoux Blanc
生産者:クロ・ドゥ・トゥリア　Clos de Trias
生産地:フランス、ローヌ地方
フランス南東部、ローヌ渓谷と呼ばれる地域のワインです。品種はグルナッシュ・ブランとクレレット。色も似ていますが、みかんの淡い風味があります。

自家製 チキンブイヨン
Bouillon de volaille

▶YouTube #604

難易度	調理時間
★☆☆	50分

このまま飲んでもおいしい
自然の出汁！
冷凍保存すれば
アレンジもいろいろ。

スープとしておいしく飲めるだけでなく、料理の出汁としても使える基本的な簡単チキンブイヨンです。40分煮るだけですから、ぜひ手づくりして自然のうま味を味わってください。小さいお子様には大事な五味の一つのうま味を教えてあげてほしいです。肉のついた手羽元や手羽先ならうま味が強くなりますし、肉も利用できて便利ですよ。

🌀材料 (仕上がり1ℓ)

鶏手羽元	1kg
香味野菜 (ざく切り)	両手で2杯分
水	2ℓ
塩	適量
イタリアンパセリ	お好みで

＊鶏手羽先でも構いません。
＊香味野菜はにんじん、玉ねぎ、セロリ、長ねぎの緑のところ、にんにく(皮つき)を使用。家にある余り物で、量もあるだけで大丈夫。

🌀つくり方

[準備]鶏手羽元は骨の近くにハサミで切り込みを入れる。塩で軽く揉んで、キッチンペーパーでぬめりを拭き取る。

◎切り込みを入れることで、出汁が出やすく、身もほぐしやすくなります。
◎臭いが気になる方は、1回よく水洗いしてください。

1 鍋に手羽元、水を入れて強火にする。沸騰したらアクをとり、香味野菜を加える。再度沸騰したら、弱火～中火の火加減で30～40分煮込む。
◎アクはきれいにとって、透き通ったブイヨンにします。ただし、脂はうま味があるのでとりすぎないようにしましょう。

2 ザルでこす。

イタリアンパセリを浮かべて、ボナペティ～！

◎レストランでは布も重ねてこしますが、ご家庭ではザルだけで十分です。
◎残った鶏肉はサラダにしたり、野菜はミキサーにかけてカレーに入れたりして無駄なく使い切りましょう。

スープ

🌀この料理にはコレ! 白ワイン

ヴーヴレ グラン・ダネ 1989　Vouvray Grande année 1989
生産者:マルク・ブレディフ　Marc Brédif
生産地:フランス、ロワール地方
ヴーヴレの中でもできばえのよい生産年(グラン・ダネ)のワインです。素晴らしい黄金色ですし、甘みが少し出ていてはちみつやマーマレードの風味が楽しめますよ。

三國流愛知の味噌おでん
Cuisine traditionnelle d'Aichi
"MISO-ODEN"

▶YouTube #603

難易度 ★★☆

調理時間 70分

※準備にかかる時間、茹で卵と
うま味出汁をつくる時間は除く

牛カルビ串が三國スペシャル！
八丁味噌の濃厚な煮汁がたまらない。

愛知県の特産品、八丁味噌を使ったおでんです。スイスの日本大使館で働いた時に八丁味噌を初めて知って、大好きになりました。出汁、みりん、てんさい糖を混ぜ合わせた味噌で、おでんだねを1時間煮て完成！牛カルビの串をたねに入れているところが三國スペシャルですよ。味がじわーっと染みたたねはもちろん、濃厚な煮汁がたまらなくおいしいです。

🍲材料（3〜4人前）

大根（厚さ2cmの輪切り）‥‥‥‥‥ ⅓本
こんにゃく（8mm幅に切る）‥‥‥‥ 1個
茹で卵 ‥‥‥‥‥‥‥‥‥‥‥‥‥ 4個
ちくわ（乱切り）‥‥‥‥‥‥‥‥‥ 3本
牛カルビ（焼き肉用、折って竹串を刺す）
‥‥‥‥‥‥‥‥‥‥‥‥‥ お好みの量
八丁味噌 ‥‥‥‥‥‥‥‥‥‥‥ 100g
てんさい糖 ‥‥‥‥‥‥‥‥‥‥ 大さじ4
みりん ‥‥‥‥‥‥‥‥‥‥‥‥ 大さじ4
うま味出汁（P.62）‥‥‥‥‥‥‥‥ 1ℓ
＊串物はお好きな具材を使ってください。

🍲つくり方

[準備] 大根は断面に5mm深さぐらいに格子状の隠し包丁を入れて、下茹でする。こんにゃくはアク抜きをしておく。
◎こんにゃくは中央に切り込みを入れて、片方の端を穴にくぐらせると手綱状になってかっこいいです。

1 ボウルに八丁味噌、てんさい糖、みりんを合わせてよく練り混ぜ、うま味出汁（⅓量ほど）を加えてさらに混ぜる。
◎八丁味噌は固いので、先に溶いておくと調理しやすいです。

2 鍋に具材、残りのうま味出汁、1を入れる。強火にかけて、沸騰したら軽くアクをとり、ふたをして弱火で約1時間煮る。

ボナペティ〜！

スープ

🍷この料理にはコレ！ 赤ワイン

ジョッシュ・セラーズ ジンファンデル ローダイ
Josh Cellars Zinfandel Lodi
生産者：ジョッシュ・セラーズ　Josh Cellars
生産地：アメリカ、カリフォルニア州
ぶどうの品種はジンファンデルが主体。濃厚です。スパイスの風味とともに、チョコレートの香りがしますよ。八丁味噌に負けません。

山小屋スープ
Soupe de chalet ▶YouTube #620

難易度 ★★☆
調理時間 45分 ※準備にかかる時間は除く

体が温まる! 素朴ながらチーズフォンデュみたいなスープ。

スイスやフランスの山で、夏に牛を放牧する間、山小屋でも手に入る材料でつくっていたと言われるスープです。牛乳がたっぷり入ります。具材にはじゃがいもや玉ねぎを使いますが、チーズをたくさん入れるので、できあがりはチーズフォンデュみたいですよ。超素朴ですが、栄養価は高いので育ち盛りのお子様にグーです。

📖 材料（2～4人前）

じゃがいも（厚さ1cmの半月切り）
……………………………………200g
玉ねぎ（厚めのスライス）…………… 1個
ほうれん草 ……………………… ½束
ベーコン（棒切り）………………… 70g
早茹でサラダマカロニ ………… 50g
牛乳 ……………………………… 500ml
水 ………………………………… 500ml
グリュイエールチーズ ………… 80g
バター（食塩不使用）…………… 15g
塩、白こしょう …………………… 適量
＊マカロニは茹で時間4分のものを使用。
＊熟成9カ月のチーズを使用。

📖 つくり方

[準備] ほうれん草は塩茹でしてざく切りにする。チーズは削っておく。

1 中火の鍋にバター、ベーコンを入れて軽く炒める。玉ねぎを加え炒める。水を加え、沸騰したら弱火で約25分煮詰める。
　◎ベーコンの脂だけでもできますが、バターを使うと味がリッチになります。オリーブオイルでも。
　◎白いポタージュなので、玉ねぎに色がつきすぎず、ベーコンに軽く焼き色がつく程度に炒めます。良い加減に炒めてください。

2 強火にして牛乳、じゃがいもを加え、塩、こしょうをふる。沸騰したら、中火で約15分煮る。残り4分のところでマカロニを加える。
　◎じゃがいもには柔らかく火を入れ、マカロニは茹ですぎないように気をつけてください。

3 仕上げにチーズを加え、塩、こしょうで味をととのえる。
　◎スイスではチーズをもっと使うんですよ。チーズの塩分があるので、最後のふり塩は量に気をつけてください。

取り分けたら、
ほうれん草を飾って
ボナペティ～!

📖 この料理にはコレ! 白ワイン

アルボワ・ピュピラン ムロン・ア・クー・ルージュ
Arbois Pupillin Melon à Queue Rouge
生産者：ドメーヌ・ド・ラ・パント　Domaine de la Pinte
生産地：フランス、ジュラ地方
ワイン名に「ルージュ（赤）」が入っていますが、シャルドネでつくられた白ワインです。グレープフルーツのさわやかな皮の香りがして素敵です。

スープ

前菜・つけ合わせ

Entrées
Garnitures
Salades
Fromages

秋のキッシュ
Quiche d'automne ▶YouTube #517

難易度	調理時間
★★☆	70分

春菊とブルーチーズの香りがマッチ！
フランスの田舎風キッシュ。

「キッシュ・ロレーヌ」（『三國シェフのベスト・レシピ136』のP.123参照）のアレンジで、栗やきのこなど秋の食材をメインにした具だくさんキッシュです。春菊やブルーチーズも入れていますが、火を通すと柔らかな香りになるので、ふだん苦手な方もぜひトライして。具材の量を増やしたり、ぎんなんなどを入れたりしてもいいですね。温かくても、冷たくてもおいしいです。

🍳材料（直径20cmタルト型1個分）

冷凍パイシート（ホールパイ用）	1枚
しいたけ（角切り）	50g
まいたけ（ざく切り）	50g
春菊（ざく切り）	1束（80g）
にんにく（みじん切り）	½片
むき栗	6粒
卵	3個
牛乳	½カップ
生クリーム	½カップ
ツナ	1缶
ブルーチーズ	35g
塩、白こしょう	適量
オリーブオイル	小さじ2

＊ニップンの「発酵バター入りパイシート2枚入」がおすすめ。
＊きのこは何種類でもOK。

🍳つくり方

[準備] 型の大きさにパイシートを伸ばし、型にしいて冷蔵庫で冷やしておく。オーブンを180℃に温める。
　<u>◎底取式のタルト型を使ってください。</u>
　<u>◎生地を伸ばす時は生地同士が重ならないように気をつけてください。</u>

1. ボウルに卵、牛乳、生クリームを入れ、ホイッパーでよく混ぜ合わせる。ブルーチーズ、ツナを加え混ぜ合わせ、塩、こしょうをふる。
　◎ブルーチーズの塩分がきいているため、塩は控えめにしてください。

2. 強火のフライパンにオリーブオイルを熱し、しいたけ→まいたけの順に加えてさっと炒める。にんにく、春菊を加え軽く炒める。塩、こしょうをふる。火を止めてから栗を加え、余熱で火を通す。軽く塩、こしょうをふる。
　◎オーブンで火を入れるので、香りが出る程度に軽く炒めます。一回炒めておくと、きのこや春菊の青臭さがとれて香ばしさが出ます。

3. **2**をタルト型に移し、**1**をよく混ぜてから流し入れる。180℃のオーブンで約40分焼く。室温で10〜15分休ませてから、型の縁に小包丁を何周かさせてはずす。

準備

伸ばしたパイシートを型の上にのせたら、指先を使って型の隅に生地を密着させます。

めん棒を転がして、まわりの生地を取り除きます。

穴があいたところは残った生地でふさぎます。

ボナペティ〜！

前菜
つけ
合わせ

🍽この料理にはコレ！ 白ワイン

ラ・キュヴェ レオン・ベイエ　La Cuvée Léon Beyer
生産者：メゾン・レオン・ベイエ　Maison Léon Beyer
生産地：フランス、アルザス地方
リースリング、ミュスカ、ピノ・ブラン、シルヴァネールの4品種でつくられています。パイナップル香など、アルザスらしいフルーティさがイイですね。

にんにくカマンベール
Camembert au four à l'ail ▶YouTube #519

難易度	調理時間
★☆☆	20分

トースターでとろーり。
にんにく好きにはたまらない！

大好きなカマンベールレシピの中でも簡単なことではピカイチなのがコレ！ トースターで焼くだけで、チーズは熱々のとろっとろ、トーストはカリッカリです。にんにくを一緒に焼きますから香りがよくて、にんにく好きの人にはたまりません。冬の寒い時期、とくにクリスマスの食卓におすすめですよ。お手頃価格のカマンベールで十分おいしくつくれます。

●材料（2〜4人前）

カマンベールチーズ ···· 1個（約100g）
にんにく ·························· 2片
サラミの薄切り（ざく切り）
 ······························· 2〜3枚
食パン ···························· 1枚
アボカドオイル ········· たっぷりの量

●つくり方

[準備] スキレットにクッキングシートをしいておく。パンの表面ににんにくをこすりつけたら、耐熱容器にのせて、アボカドオイルをかけて染み込ませる。にんにくは棒切りにする。

1 カマンベールの上面を包丁で薄くくりぬく。縁に沿って内側ににんにくを差し込み、真ん中にサラミをのせ、上から押し込む。くりぬいたチ

包丁の切っ先を斜めに差し込んでくるくる回すときれいにくりぬけます。

ーズを細かく切って上にのせる。

2 スキレットにのせて、180℃のトースターで10〜15分焼く。途中、パンも器ごと入れて一緒に焼く。

ボナペティ〜！

ほうれん草のグラタン

Épinards à la crème ▶YouTube #614

難易度 ★★☆
調理時間 20分 ※ベシャメルソースを
つくる時間は除く

朝食や素敵なつけ合わせにぴったり。ぜひ肉厚なちぢみほうれん草で。

冬は旬のほうれん草をグラタンにするといいです。さっと茹でて、ベシャメルソースで和えてトースターで焼くだけなので簡単。手に入るようなら「ちぢみほうれん草」をぜひ使ってください。寒じめほうれん草とも言います。肉厚で、甘みが強くてえぐみが少なくおいしいんです。チーズとも相性がよく、リッチなつけ合わせになります。

◉材料（2〜4人前）

ちぢみほうれん草（茎から葉をちぎる）
……………………………………………1束
ベシャメルソース（P.13）………90g
ピザ用チーズ
………………ふたつかみ（75〜80g）
バター（食塩不使用）…………適量
塩、白こしょう…………………適量

◉つくり方

[準備] 耐熱容器にバターをたっぷり塗る。

◎バターは大雑把にべたっと塗ってください。焼いた時に溶けておいしくなります。

1 ほうれん草の茎を先に塩茹でし、取り出す。次に葉を塩茹でし、沸騰したら取り出す。水を軽く切ってざく切りにする。

◎茹で具合はグラタンにするので硬めですが、お好みで。冷水には浸けません。

2 ボウルに**1**、ベシャメルソース、チーズ（半量）を混ぜる。塩、こしょうをふる。

◎ほうれん草はやや水気のあるほうが混ぜやすくていいです。

3 耐熱容器に入れて、残りのチーズをのせ、強火のトースターで約10分焼く。

◎焼き加減は表面に焼き色をつけても、ぐちゅぐちゅ感を残してもおいしいです。

ボナペティ〜！

◉この料理にはコレ！ 白ワイン

ボージョレ=ヴィラージュ ブラン Beaujolais-Villages Blanc
生産者：ドメーヌ・ド・ラ・マドンヌ Domaine de la Madone
生産地：フランス、ブルゴーニュ地方
ボージョレ・ヴィラージュのシャルドネです。この地域のワインもさっぱりしていいですね。僕の大好きなスミレの香りがします。

前菜
つけ
合わせ

インゲンのラグー
Ragoût de haricots verts

▶YouTube #284

難易度	調理時間
★☆☆	40分

メイン級のおいしさ！
クタクタに煮るフランスの田舎風料理。

フランスでは、昔は野菜をクタクタに煮るのが普通でした。繊維質が分解されて消化がいいと、色合いや食感は優先されなかったんですね。日本人はシャキシャキした野菜が好きですが、フランス人にとっての懐かしの味もたまにはいいものです。今回は冷凍インゲンを使いました。種類が豊富で質のよいいろいろな冷凍野菜でトライしてください。

●材料（2〜4人前）

冷凍インゲン	1袋
玉ねぎ（みじん切り）	½個
にんにく（みじん切り）	1片
水	1カップ
塩、白こしょう	適量
オリーブオイル	大さじ1
バター（食塩不使用）	15g

＊バターの代わりにオリーブオイルでもOK。

●つくり方

1 中火のフライパンでオリーブオイルを熱し、玉ねぎを軽く炒めたら、にんにくを加えて炒める。
◎玉ねぎはあまり色をつけずにうま味を引き出す程度に炒めます。

2 玉ねぎが透き通ったら、インゲン、水を加えて強火にし、塩、こしょうをふる。沸騰したらふたをして弱火で20〜30分煮る。
◎冷凍野菜は冷凍のまま使うのがポイントです。煮込み始めは日本人の好きなシャキシャキとした食感ですが、さらに煮込むとフランス人の大好きな柔らかさになります。汁気が少し残るくらいの煮込み加減がおいしいです。

3 仕上げにバターを加え、塩、こしょうで味をととのえる。

ボナペティ〜！

●この料理にはコレ！ 白ワイン

レトワール・ブラン シャルドネ　l'Etoile Blanc Chardonnay
生産者：ドメーヌ・ド・モンブルジョー　Domaine de Montbourgeau
生産地：フランス、ジュラ地方
ブルゴーニュに近いジュラ地方は黄ワインで有名ですが、白も赤も高品質。このシャルドネはヘーゼルナッツのいい香りです。

前菜
つけ
合わせ

新じゃがオーブン焼き

Pommes de terre primeurs rôties à la suédoise ▶YouTube #725

難易度 ★☆☆

調理時間 45分

外はカリカリ、中はホクホク。じゃがいも料理の概念が変わる!

スウェーデンのじゃがいも料理です。アコーディオン状に切り目を入れた丸ごとのじゃがいもにオイルをかけてローストするんですが、「ハッセルバックポテト」と呼ばれてます。春の新じゃがを使ってみましたが、表面がカリッカリに焼けて中はホクホク! じゃがいもの印象が変わると思います。ハーブの他に、チーズやベーコンを入れてもいいですね。

材料（2〜4人前）

新じゃがいも ················· 3個
バター（食塩不使用）············· 10g
塩、白こしょう ················· 適量
ミックスハーブ（ドライ）········· 適量
オリーブオイル ······· たっぷりの量
バゲット ················· お好みで
＊ミックスハーブはGABANの「エルブ・ド・プロバンス」を使用。

つくり方

[準備]オーブンは220℃に温めておく。バターは室温でポマード状にしておく。スキレットにクッキングシートをしく。

1 菜箸を平行においた上にじゃがいもをのせて、じゃがいもの下まで切らないように5mm幅で切り込みを入れる。

2 スキレットにじゃがいもを並べ、切れ目に塩、こしょうをふり、バターを塗り込む。オイルをかけて、ハーブをふる。

3 220℃のオーブンで30〜40分焼く。残り10分のところで一度取り出し、底に溜まったオイルをスプーンでかける。
◎一般的なひねのじゃがいもなら、10〜15分追加して焼いてください。

バゲットと一緒にボナペティ〜!

1

菜箸が動かないように押さえます。この切り方は、フランス人もよくやるんですよ。

この料理にはコレ! ロゼ

ボージョレ・ロゼ
Beaujolais Rosé
生産者:シャトー・カンボン
Château Cambon
生産地:フランス、ブルゴーニュ地方
珍しいボージョレのロゼです。僕も初めて飲みましたが、このシャトー・カンボンはすごいです。いちごの香り、それからすいかの青臭い感じもありますよ。

前菜 つけ合わせ

お坊さんの気絶
Patlıcanların İmam Bayıldı

▶YouTube #445

難易度 ★★☆ 　調理時間 20分 　※粗熱をとる時間は除く

スパイスが刺激的で
ラタトゥイユを超えるおいしさ!

お坊さんが気絶するほどおいしいんでしょうか! 　おもしろいネーミングのトルコ料理です。使うのは野菜だけ。トマトとピーマンの煮込みを丸ごと焼いたなすに詰めて、蒸し焼きして仕上げます。南仏のラタトゥイユをしのぐおいしさ、と言っていいかもしれません。クミンがきいたスパイシーな風味が夏にぴったりですよ。

●材料(4人前)

なす	4本
玉ねぎ(薄切り)	½個
トマト(ざく切り)	2個
ピーマン(みじん切り)	1個
にんにく(みじん切り)	2片
バジル(ちぎる)	3枚
クミンパウダー	小さじ1
一味とうがらし	少々
塩、白こしょう	適量
水	½カップ
オリーブオイル	大さじ4

●つくり方

[準備]なすはピーラーで縦に4か所皮をむく。むいた皮はみじん切りに。
◎ヘタも炒めるとおいしいのでつけておきます。

1 強火のフライパンにオリーブオイル(半量)を熱し、なすに焼き色をつける。軽く塩、こしょうをふり、水(半量)を加える。ふたをして弱火で約10分蒸し焼きにする。

2 別のフライパンに残りのオリーブオイルを熱し、玉ねぎを軽く炒めて塩、こしょうをふる。にんにく、なすの皮を加えて軽く炒める。トマトを加えて、塩、こしょうをふる。中火で煮詰め、水気がなくなったら、クミンパウダー、一味とうがらし、ピーマン、バジルを加えて合わせる。
◎トマトによって水分量が違うので、水気が少なければ水(分量外)を加えてください。

3 なすの粗熱をとってから、縦に切り込みを入れて、2を詰める。

4 1のフライパンにもどして、残りの水を加えてふたをし、強火で1〜2分蒸し焼きにする。
◎すでに火が通っているので、なすの状態を見て火加減を変えてください。新なすだと焼けるのも早いです。

残ったソースを器にたっぷりしいてなすをのせたら、ボナペティ〜!

◎なすの上にチーズをかけてもおいしいです。

前菜 つけ合わせ

●この料理にはコレ! 白ワイン

ヤルデン ゲヴュルツトラミネール　YARDEN Gewürztraminer
生産者:ゴラン・ハイツ・ワイナリー　Golan Heights Winery
生産地:イスラエル、ゴラン高原
イスラエルのヤルデンはできのいいワインです。赤を飲むことが多いですが、これは白。ライチやアプリコットの香りがいいですね。

新じゃがいもの リソレ

Pommes de terre rissolées

▶YouTube #312

難易度	調理時間
★☆☆	20分

最強のつけ合わせ! コロコロ転がしてきれいに 焼き色をつけて。

シャンパーニュと スパークリングワインの違い

発泡性ワインは世界中でつくられていて、英語でスパークリングワインと言います。フランスでも各地で生産されていますが、もっとも代表的なものが「シャンパーニュ」(日本ではシャンパン、シャンペンと呼ばれることが多いですが)。フランスの法律では、シャンパーニュ地方でつくられたものだけに独自に認めている呼称で、シャンパーニュ地方以外でつくられる発泡性ワインは「ヴァン・ムスー」と言います。文字通り「泡の立ったワイン」という意味です。

フランス人はじゃがいもが大好きです。春に出てくる新じゃがは格別ですよね。リソレとは肉料理にもよく使いますが、しっかり焼いて焼き色をつける調理法。このじゃがいもも、じっくりコロコロ転がしながら色をつけてください。横で肉も一緒に焼けば、おいしい肉汁が染みて、じゃがいもがさらにおいしくなりますよ。魚のつけ合わせにもグーです。

🍳材料(4〜6人前)

新じゃがいも(小)	400g
にんにく(皮つき)	4片
タイム(フレッシュ)	2枝
ローリエ	1枚
パセリ(みじん切り)	1枝
塩、白こしょう	適量
オリーブオイル	大さじ2
バター(食塩不使用)	30g

🍳つくり方

1 中火のフライパンにオリーブオイルと、新じゃがを入れ、軽く塩、こしょうをふる。にんにくを加えて全体に焼き色をつける。
◎最初にフライパンをくるくる回してじゃがいもを転がすのがポイントです。こうすると、まんべんなくきれいに焼き色がつきます。

2 ローリエ、タイムを加え、ふたをして弱火で10〜15分蒸し焼きにする。

3 じゃがいもに柔らかく火が通ったら、中火にしてバター、パセリを加える。塩、こしょうで味をととのえる。

ボナペティ〜!

前菜
つけ
合わせ

🍶この料理にはコレ! スパークリングワイン

ラボリー ブリュット　Laborie Brut
生産者:ラボリー　Laborie
生産地:南アフリカ、西ケープ州
南アフリカ産ですが、シャンパーニュと同様の製法でつくられている上質なスパークリングです。オレンジの香りがかすかにあって、いいできです。

ノルマンディー風サラダ

Salade normande ▶YouTube #275

難易度	調理時間
★☆☆	18分

りんごとカマンベールとナッツが
相性抜群の
もりもり食べられるサラダ。

ノルマンディーは北フランスにあり、りんごの栽培と酪農が盛ん。料理もりんごやチーズ、バターを使ったものが多いです。このサラダはりんごとカマンベールでつくりますが、相性抜群。ミックスナッツやヘーゼルナッツオイルをアクセントに使い、トースターで温めると香りがたって、量もたくさん食べられます。見た目は地味ですが、味はリッチですよ。

🍳材料（2人前）

りんご ……………………… 1個
カマンベールチーズ
　（切れてるタイプ、横半分に切る）
　………………………… 約100g
素焼きミックスナッツ ……… 30g
松の実 ……………………… 大さじ1
ドレッシング
　ヘーゼルナッツオイル
　（なければオリーブオイル）‥ 大さじ3
　シードルビネガー ………… 大さじ1
　塩、白こしょう …………… 適量
葉野菜（食べやすい大きさに切る）
　…………………………… 適量

＊カマンベールは雪印の「北海道100 カマンベールチーズ 切れてるタイプ（6個入り）」を使用。上質でおすすめです。
＊ヘーゼルナッツオイルはJ. Leblanc（ルブラン）社の製品を使用。
＊葉野菜はリーフレタスを使用。

🍳つくり方

[準備] トースターの天板にアルミホイルをしいて、ヘーゼルナッツオイル（分量外）を薄く塗っておく。ボウルに**ドレッシング**の材料をスプーンで混ぜ合わせる。

　◎ドレッシングはスプーンを使うと材料が混ざりきらないので材料の味がわかりやすくなります。こしょうは多めにします。

1 りんごは皮つきを6等分のくし形切りにして芯を取り除き、5mm幅に切る。
　◎僕は皮が栄養もあって大好きで、形も崩れにくいので必ずつけますが、抵抗のある方はとってもよいですよ。

カマンベールの断面を焼きたいので、断面を上に向けます。

2 アルミホイルの上にりんごを少しずつずらして並べ、カマンベールをのせる。まわりにナッツと松の実をちらして、250℃のトースターで約5分焼く。

葉野菜の上に盛りつけて、ドレッシングをかけたら、ボナペティ〜！

前菜
つけ
合わせ

🍳**この料理にはコレ！** スパークリングワイン

ポワレ グラニット　Poiré Granit
生産者：エリック・ボルドレ　Eric Bordelet
生産地：フランス、ノルマンディー地方
洋ナシが原料の珍しいスパークリングですよ。洋ナシのニュアンスの他に、うっすらピーチの風味もあり、口の中をさわやかにリフレッシュさせてくれます。

便利なトマトソース
Sauce tomate maison
▶YouTube #436

難易度	調理時間
★☆☆	18分

トマト、玉ねぎ、にんにくでできる
夏につくりたい万能トマトソース。

フランス人の常識 「赤ワインは部屋の温度に合わせる」

「白ワインは少し冷やして、赤ワインは常温で」が一般的なワインの飲み方です。赤ワインの場合、飲む2〜3時間前に部屋に出して室温に合わせるんですが、これをフランス語で「シャンブレ」と言います。「シャンブル」が部屋のことで、部屋の温度に合わせることが「シャンブレ」。室温にしておくと、風味が開いてよりおいしく飲めるので、フランス人は必ずシャンブレします。正確にはワインごとに適温が違いますが、だいたい15℃前後。赤ワインのおいしさが全然違ってきますから、みなさんも覚えておいてくださいね。

完熟トマトの簡単ソースです。おいしいトマトに少しの玉ねぎとにんにくがあれば十分。煮詰めすぎず、少しゆるいくらいにあっさり仕上げておくと、万能に使いまわせます。塩、こしょうもしません。熱々の牛丼に冷たいトマトソースのトッピングという使い方もできちゃいます。ぜひお試しください。

🍳材料 (つくりやすい分量)

完熟トマト(ざく切り) …	1kg(6〜7個)
オリーブオイル	大さじ3
にんにく(みじん切り)	2片
玉ねぎ(みじん切り)	30g
ハーブ	適量

＊ハーブはフレッシュのオレガノ(2〜3枝)を使用。タイムやローズマリーでも合います。

🍳つくり方

1 中火〜強火のフライパンにオリーブオイルを入れ、玉ねぎ、にんにくを炒める。にんにくの香りがたってきたら、トマトを加えて炒める。

2 沸騰したら、ハーブを加え、ふたをして10分煮込む。火を止めて、混ぜながらトマトの残った塊をヘラでつぶす。
◎中火〜強火で煮込むことでトマトからどんどん水分が出て、その後煮詰まっていきます。
◎万能なソースにしたいので塩、こしょうはしません。

お好きな料理にかけたら、
ボナペティ〜！

◎粗熱がとれたら、煮沸消毒をした保存容器に入れて冷蔵庫へ。

前菜
つけ
合わせ

アスパラガスの グリル

Asperges vertes grillées

▶ YouTube #703

難易度	調理時間
★☆☆	10分

外はこんがり、中はほくほく！
塩だけでおいしくするテクニック。

春に出回るグリーンアスパラガスを
シンプルに食べる一品です。塩で
軽く揉んで、オイルで色よく焼くだ
け。塩味が決め手になるので、ちょ
っと贅沢な塩を使うのもいいです
ね。穂先は柔らかく、根元はシャキ
っとした食感が残るのがちょうどよ
い焼き加減です。アスパラガスだけ
で、ワインがぐいぐい飲めてしまいま
すよ。

●材料（2〜4人前）

アスパラガス（緑）……………… 8本
オリーブオイル …………… 大さじ1
天然塩 …………………………… 適量

●つくり方

[準備] アスパラガスは水洗いして、根
元を約2cm切り落とす。太めのものは、
下半分の硬い皮をピーラーで軽くむく。
　◎鍋を裏返して底にアスパラガス
をおくと皮がむきやすいです。ピ
ーラーは、躊躇せず遠くまで勢いよ
く引くと薄くむけますよ。手前のギ
リギリのところで止めると分厚くむ
けてしまいます。
　◎アスパラガスは水洗いしてやや
湿った状態のほうが柔らかくおい
しく焼き上がります。
　◎レストランでは、切り落とした根
元を茹でてピューレやポタージュ、
サラダに利用します。
1 アスパラガスにオリーブオイルを
かけて、塩をふって、軽く揉み込む。
2 強火でグリルパンを熱し、アスパラ
ガスを焼く。煙が出てきたら中火に
して転がしながらじっくり焼く。
　◎グリルパンの溝に直角にアスパ
ラガスをおいて焼き色をつけます。
フライパンでもよいです。
　◎ナイフがスーと入るぐらいがコ
リコリしてとてもおいしいです。

ボナペティ〜！

いい塩加減は 素材との会話から

　塩のふり方は、プロでも難し
いです。ふりすぎたらしょっぱ
いし、少なければ素材の風味も
引き出せません。ちょうどいい
塩味があってこそ、肉でも魚で
も野菜でも、味や香りが引き立っ
てくるんです。我々の血液の塩
分濃度は0.7〜0.9％で、それ
と一致した時に「いい塩味だ」
と感じるらしいですね。このい
い塩加減ってのは、何度も素材
と向き合い、何度も失敗して身
についていくもの。これが「素
材と会話する」ということです。
会話を重ねることで素材の顔を
見た瞬間、どれくらい塩をふる
のがベストかがわかってきます。
僕が帝国ホテルで修業中、村上
信夫料理長の目の前で突然塩を
ふるように言われたことがあり
ました。直後にジュネーヴの大
使館行きが決まったのは、この
塩のふり方が認められたのだと
思っています。

前菜
つけ
合わせ

●この料理にはコレ！ 白ワイン

ボッシェンダル シュナン・ブラン　Boschendal Chenin Blanc
生産者：ボッシェンダル　Boschendal
生産地：南アフリカ、コースタル・リージョン
南アフリカのワインはクオリティが高いですね。これは歴史の古いワイ
ナリーのものでシュナン・ブラン100％。白桃の香りが強いです。

グリーン アスパラガスの ムスリーヌソース

Asperges vertes sauce mousseline

▶YouTube #327

難易度	調理時間
★★☆	30分

※ソースをホイッパーで
つくった場合

ふわっふわマヨネーズが ほくほくのアスパラにぴったり!

ムスリーヌソースは、マヨネーズ状のものに泡立てた生クリームかメレンゲを混ぜたふわっと軽いソース。ヨーロッパではポピュラーなアスパラガスの食べ方です。今回はメレンゲバージョンですが、あっさりして軽いので何本でもいけちゃいます! 相性抜群です。茹でたての温かいアスパラガスでいただくのがとくにおすすめですよ。

●材料（つくりやすい分量）

アスパラガス（緑）‥‥‥‥‥‥‥8本
ムスリーヌソース
　卵‥‥‥‥‥‥‥‥‥‥‥‥‥‥1個
　ディジョンマスタード‥‥‥大さじ1
　米油（なければオリーブオイル）
　‥‥‥‥‥‥‥‥‥‥‥‥‥‥1カップ
　万能ねぎ（小口切り）‥‥‥‥‥少々
　レモン汁‥‥‥‥‥‥‥‥‥¼個分
塩‥‥‥‥‥‥‥‥‥‥‥‥‥‥適量

●つくり方

[準備] 太めのアスパラガスは、下半分の硬い皮をピーラーで軽くむく。下⅓程度は硬いので切り落とす。卵は卵白と卵黄に分けておく。
◎アスパラガスの下準備について、詳しい解説はP.107を参照。

1　ボウルにマスタード、卵黄を入れてホイッパーで混ぜる。オイルを少しずつ加えてマヨネーズをつくる。レモン汁を加える。
◎マヨネーズのつくり方と同じ。くわしくは「エッグベネディクト（P.118）」を参照。
◎ホイッパーの代わりにハンドミキサーを使ってもいいです。

2　卵白でメレンゲをつくる。1に加えて、ゴムベラでサクッと混ぜ、ねぎを加える。器に移して冷蔵庫に入れる。

3　たっぷりの湯を沸騰させて、塩を加え、アスパラガスを4〜5分茹でる。
◎包丁がスーと入る硬さに。少し硬めでも、シャキシャキした感じがいいと思います。

温かいアスパラガスにソースを添えてボナペティ〜!

前菜
つけ
合わせ

●この料理にはコレ! 白ワイン

ピュリニー＝モンラッシェ　Puligny-Montrachet
生産者:ドメーヌ・ド・ラ・ヴージュレ　Domaine de la Vougeraie
生産地:フランス、ブルゴーニュ地方
僕の大好きなピュリニー＝モンラッシェ。ナッツの香りがいいですね。ほのかな青りんごのニュアンスも。素晴らしいワインです。

夏野菜のプレッセ
Pressé de légumes ▶YouTube #454

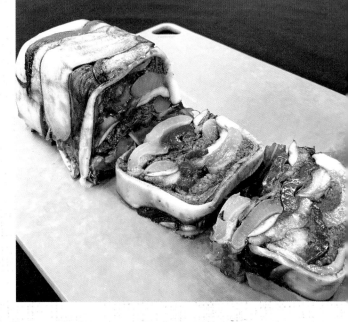

難易度	調理時間
★★☆	25分

※タプナードをつくる時間、粗熱をとる時間、一晩寝かせる時間は除く

食卓を華やかに！旬の野菜を詰め込んだ美しい逸品。

プレッセは英語のプレス。型などに、薄く切った野菜をミルフイユのように重ねて"押しつけて"冷やし固める料理です。ゼラチンは入れません。味つけはオリーブベースのタプナードソースとトマトペーストなので、とっても上品で薄味です。野菜も柔らかくシャキッとして、夏の食卓のおしゃれな一品になりますよ。

🫒材料（880mlパウンド型1個分）

なす ……………………… 3本（約300g）
ズッキーニ ……………… 1本（約300g）
パプリカ（赤・黄、ざく切り）……… 各1個
トマトペースト …………… 大さじ3
タプナード ………………… 大さじ4
ハーブ ……………………… お好みで
オリーブオイル …………… 大さじ2
塩、白こしょう …………… 適量
＊ハーブはバジル、大葉、ルーコラを使用。お好きなものでいいです。

🫒つくり方

[準備]なす、ズッキーニはへたをつけたまま、ピーラーで縦に約3mm厚さで薄切りにする。型にラップをしいておく。
　◎皮はきれいにむかなくても大丈夫。
1　中火のフライパンにオリーブオイルを熱し、野菜を入れ、軽く塩、こしょうをふる。しんなりするまで焼く。粗熱をとる。
　◎野菜は、量が多いので3回くらいに分けて焼いてください。
　◎塩は具材のうま味を引き出す程度にほんの少し。

2　型になすとズッキーニを交互に、少し重ねながら底面にしく。トマトペースト、ハーブ、タプナードを適宜、間に入れながら、パプリカ、なす、ズッキーニを順番に重ねる。汁が出るほどしっかり押しつけ、ラップで閉じて一晩冷蔵庫で寝かせる。

型から抜いて切り分けたら、ボナペティ〜！

● ● ● ● ● ● ● ● ● ● ● ● ●

タプナード
Tapenade ▶YouTube #141

難易度	調理時間
★☆☆	5分

🫒材料

黒オリーブ ………………… 100g
にんじん（薄切り）………… 30g
セロリ（薄切り）…………… 20g
にんにく（芽をとる）……… 1片
ケイパー …………………… 10g
アンチョビ ………………… 2枚
オリーブオイル …………… 大さじ5
黒こしょう ………………… 適量

🫒つくり方

1　すべての材料（こしょうを除く）をフードプロセッサーに入れ、ペースト状になるまで撹拌する。こしょうで味をととのえる。
　◎アンチョビだけで塩加減はばっ

底にしくなすとズッキーニは、側面もおおうように長辺に対して垂直に並べます。ここで型の隅にしっかり押し込むのがポイントです。

↓

トマトペーストとタプナードは野菜の隙間を埋めるようにまんべんなく塗ります。パプリカは色が交互になるように並べると断面がきれいになります。

ちりです。

◎おつまみでバゲットに塗ってもいいし、いろんな野菜、魚、肉のソースにもなります。何でもOKです。

🍶この料理にはコレ！ 白ワイン

バンドール ブラン Bandol Blanc
生産者：シャトー・サンタンヌ
　　　　Château Sainte-Anne
生産地：フランス、プロヴァンス地方
南仏、プロヴァンスにはおいしいロゼワインが多いですが、白もいいですよ。グレープフルーツやタイムの香りがして、さすがの味です。

前菜
つけ
合わせ

ズッキーニの パルマンティエ
Parmentier de courgettes

▶ YouTube #412

難易度 ★★☆☆☆

調理時間 40分

※じゃがいもとズッキーニの 下茹で時間は除く

子供にも大人気!
じゃがいもと肉の2層グラタン
ズッキーニバージョン。

パルマンティエはじゃがいもを使った料理につけられる名前で、これはズッキーニをたっぷり加えた応用編です。最初に両方を茹でておき、炒めたひき肉と合わせてグラタンのように焼き上げます。ズッキーニは本来つぶすんですが、火を入れればふわふわに柔らかくなるので、輪切りの形を生かしたまま焼いたほうが食感も風味もしっかり味わえますよ。

●材料（3〜4人前）

じゃがいも ・・・・・・・・・・・・・・・・・・・・・・ 200g
ズッキーニ（厚さ1cmの輪切り）・・ 400g
牛ひき肉 ・・・・・・・・・・・・・・・・・・・・・・ 200g
玉ねぎ（みじん切り）・・・・・・・・・・・・ ½個
ナツメグ ・・・・・・・・・・・・・・・・・・・・・・ 適量
粉チーズ ・・・・・・・・・・・・・・・・・・・・ たっぷり
塩、こしょう（黒・白）・・・・・・・・・・・・ 適量
バター（食塩不使用）・・・・・・・・・・・・ 20g
オリーブオイル ・・・・・・・・・・・・・ 大さじ1
＊じゃがいもは男爵を使用。

●つくり方

[準備]じゃがいも、ズッキーニは塩茹でする。じゃがいもは皮をむく。オーブンは180℃に温めておく。耐熱容器にオリーブオイル（分量外）を塗る。

1 ボウルでじゃがいもをつぶす。ズッキーニを加える。軽く塩、白こしょう、ナツメグをふる。
◎じゃがいもはつぶしすぎないでください。ズッキーニは素材の存在感を出したいので形を生かします。

2 強火のフライパンにオリーブオイル、玉ねぎを入れて、軽く塩をふり、軽く炒める。牛ひき肉を加えて炒める。強めに塩、黒こしょう、ナツメグをふる。
◎玉ねぎの甘みを引き出すために最初に塩をふります。玉ねぎに色がついても構わないので強火にします。
◎オーブンで焼くので、ひき肉に少し赤みが残っている状態で火を止めたほうがおいしいです。

3 グラタン皿に2、1の順に重ねて、粉チーズをふる。バターをちぎってちらし、180℃のオーブンで30分焼く。

ボナペティ〜!

焼きねぎの
ヴィネグレット
ミモザ風

*Poireaux vinaigrette
mimosa* ▶ YouTube #256

難易度	調理時間
★☆☆	15分

※茹で卵をつくる時間は除く

シャキシャキでとろとろ。
シンプルでおしゃれな
フランスの惣菜の定番!

長ねぎを薬味ではなく、丸ごと焼いてダイレクトに食べますよ。焼くと甘みが出るし、シャキシャキととろっが入り混じった絶妙な食感になります。味つけはオイルとビネガー。ナッツ系オイルを使うと香りがよく、ふりかけるミックスナッツともなじみます。最後に裏ごしした茹で卵をちらすと、まるでミモザの花、ということでミモザ風と言います。

🍳材料（2〜4人前）

長ねぎ ……………………………… 2本
茹で卵 ……………………………… 3個
ミックスナッツ …………………… 40g
ヴィネグレット
　マカダミアナッツオイル（なければオリーブオイル）…………… 大さじ3
　白ワインビネガー ……… 大さじ1
オリーブオイル ………… 大さじ½
塩 ………………………… お好みで

🍳つくり方

[準備] 茹で卵は黄身と白身に分ける。白身、黄身の順で、別々のボウルにザルでこす。ナッツは半分くらいの大きさに切る。ねぎはフライパンの長さに切り、さらに縦半分に切る。

◎ナッツは細かくしすぎると個々の風味がわかりにくくなるので大まかに。
◎ひげ根のあるねぎの根元は完全に切り落とさず少し残すとバラバラになりません。
◎ねぎの青い部分は白い部分と幅をそろえるように側面を少し切り落とします。焼き色もきれいにつきます。

1 強火のフライパンにオリーブオイルを熱し、長ねぎを並べてじっくり焼く。こんがり焼き色がついたら裏返す。

2 ナッツオイル、ワインビネガーを回しかけ、ナッツをちらして、弱火でじっくり火を入れる。仕上げに卵を白身、黄身の順でかける。

ボナペティ〜!

◎味が足りないと感じる方は、お好みで塩をふってください。

🍷この料理にはコレ! 白ワイン

ペルリータ シャルドネ　Perlita Chardonnay
生産者：ボデガ・ディアマンデス　Bodega DiamAndes
生産地：アルゼンチン、メンドーサ州
アプリコットやグレープフルーツの香りがあり、非常にフルーティです。ちょっとした苦み、甘みのある長ねぎにぴったりのワインですよ。

前菜
つけ
合わせ

なすのパプトン
Papeton d'aubergines

▶YouTube #462

難易度	調理時間
★★☆	50分

※トマトソースをつくる時間、粗熱をとり一晩寝かせる時間は除く

ふわふわでまるで
「なすの豆腐」！
おもてなしにも喜ばれる一品。

南仏のアヴィニョンという町の郷土料理で、なすのテリーヌです。炒めたなすを生クリームや卵と一緒にピューレにして型で焼くので、食感がふわふわして、まるでなすの豆腐！キッシュにも似ていますね。前もってつくっておけるので、おもてなしにも向いていますよ。珍しい仕立て方なので絶対に喜ばれます。トマトソースもお忘れなく。

🍳材料 (880mlパウンド型1個分)

なす (ざく切り) ………… 5本 (約380g)
卵 ………………………… 2個
にんにく ………………… 1片
タイム (フレッシュ) ……… お好みで
生クリーム ……………… ½カップ
塩、白こしょう …………… 適量
オリーブオイル …………… 大さじ2
便利なトマトソース (P.106) …… 適量
＊なすはヘタも使ってください。
＊タイムがなければ、フレッシュのローズマリーやドライのミックスハーブでも。

🍳つくり方

[準備] オーブンは180℃に温めておく。型にクッキングシートをしく。
◎クッキングシートは焼く時にふたになるので、型から長めに出しておきます。

1 強火のフライパンにオリーブオイル、にんにくを熱し、なすを炒める。軽く塩、こしょうをふる。中火にし、なすがしんなりしてきたら、タイムを加えじっくり炒める。なすに焼き色がついたら火を止める。
◎なすのヘタもよく炒めるとおいしいんですよ。

2 粗熱がとれたら、にんにくやタイムも一緒にミキサーに移す。数回回したら、生クリームを加えて回す。卵を加え、塩、こしょうをふって回す。塩、こしょうで味をととのえる。
◎フレッシュのローズマリーを使う場合は、ミキサーに入れる前に軸を取り除いてください。

3 型に流し込み、5cmほどの高さからタオルをしいた台に型ごと数回落として空気を抜く。クッキングシートでふたをして、180℃のオーブンで40分焼く。粗熱をとり、一晩冷蔵庫で寝かせる。型から抜いて、厚めに切る。

トマトソースの上においたら、
ボナペティ〜！

🍷この料理にはコレ! 白ワイン

プレスティージュ ブラン　Prestige Blanc
生産者:シャトー・ミニュティー　Château Minuty
生産地:フランス、プロヴァンス地方
料理に合わせてワインも南仏から。ロール、セミヨン、クレレットという品種です。ピーチの甘い香りの後、アニスの香りも追いかけてきますよ。

ズッキーニのグラタン
Dauphinois de courgettes

▶YouTube #073

難易度 ★☆☆　調理時間 25分

夏の野菜不足に！
ソースいらずの簡単グラタン。

「グラタン・ドフィノワ」という有名なじゃがいも料理のズッキーニ版。同じように卵と生クリームの生地をかけてオーブン焼きします。15分の焼き時間だと、ズッキーニが若干シャキッとしますが、僕はこれくらいが好き。柔らかいのがお好きであれば、あと5分追加してください。夏バテの時や食欲がない時でも、あっさりしているのでおすすめですよ。

🍳材料（グラタン皿2皿分）

ズッキーニ（厚さ2mmの輪切り）......2本
玉ねぎ（厚めのスライス）...........½個
にんにく（みじん切り）..............½片
卵.................................2個
生クリーム.....................¾カップ
ナツメグ...........................適量
ピザ用チーズ.......................80g
バター（食塩不使用）.........10g+20g
塩、白こしょう.....................適量
＊ズッキーニはヘタとお尻も使ってください。

🍳つくり方

[準備] 耐熱容器にバター（10g）を塗る。オーブンは200℃に温めておく。

1 ボウルに卵、生クリームを入れ、塩とこしょうを強めに、ナツメグを軽くふり、フォークで混ぜ合わせる。

2 中火のフライパンに残りのバターを熱し、にんにく、玉ねぎを軽く炒める。ズッキーニを加え軽く炒める。◎オーブンで焼くので甘みと香りを引き出す程度に軽く炒めます。ズッキーニは炒めるというより和えるイメージで。

3 グラタン皿に**2**を入れて、**1**を流し込み、チーズをのせる。200℃のオーブンで約15分、チーズに焼き色がつくまで焼く。

ボナペティ〜！

前菜
つけ合わせ

🍷この料理にはコレ！ 白ワイン

サンセール・ブラン ル・マノワール
Sancerre Blanc Le Manoir
生産者：アルフォンス・メロ
Alphonse Mellot
生産地：フランス、ロワール地方
これはビールもよし、ちょっと南フランスの白ワインもばっちりです。

他の料理に登場する つけ合わせやソース

パセリソース
Sauce verte ▶YouTube #499

難易度	調理時間
★☆☆	5分

切って混ぜるだけ! おしゃれな万能 ソース。

万能パセリソースです。切って混ぜるだけ。イタリア料理にもサルサ・ヴェルデという有名なグリーンソースがありますが、よく似ています。茹でた肉や焼いた肉、魚、餃子や春巻きにかけてもおいしいですよ。パセリやパクチーの量はお好みで増減を。

●材料（2〜3人前）

パセリ	1本
パクチー	1株
赤玉ねぎ	½個
にんにく	½片
アンチョビ	3枚
レモン汁	大さじ1
オリーブオイル	大さじ4
塩、白こしょう	適量

●つくり方

1 パセリとパクチー、アンチョビを粗めのみじん切りにし、赤玉ねぎとにんにくはみじん切りにする。すべてをざっくり混ぜ合わせ、調味料で味をととのえる。
　◎切り方の粗さはお好みで。店では丁寧に細かく切りますが、ご家庭だとざくっと切ったほうが逆におしゃれだし、風味も生きると思います。

◎P.22「塩麹塩豚」に登場。

香り塩
Sel aromatisé maison
▶YouTube #478

難易度	調理時間
★☆☆	10分

※塩を乾燥させる時間は除く

肉、魚、野菜に ぴったり! 好きな 材料で楽しんで。

柑橘の皮やハーブ、スパイスなどで塩に香りをつけます。いろんな種類を用意しておくと、料理にアクセントをつけたい時にすぐに使えて便利ですよ。天日干しにしたり、オーブンで乾燥させたりすれば長期間楽しめますから、お好きな材料でオリジナルの香り塩をつくってみてください。湿気ないように、ガラス瓶などの密閉容器で保管を。

●材料（つくりやすい分量）

A	天然塩	50g
	すだち	3個
B	天然塩	50g
	バジル	10g
C	天然塩	50g
	カレーパウダー	大さじ½
	クミン	大さじ½
	アーモンド	10g

＊すだち以外にレモン、グレープフルーツ、オレンジでも。

●つくり方

[準備]保存容器を煮沸消毒しておく。すだちはおろし器で皮をすりおろす。バジルは茎までみじん切りにする。
　◎バジルは、フードプロセッサーで細かくしてもいいですが、包丁で刻んでワイルドにバジルの存在を引き立たせるのもいいと思います。

1 A、Bの材料をそれぞれクッキングシートの上で混ぜ合わせて、広げる。Cの材料をフードプロセッサーで混ぜ合わせ、クッキングシートの上に広げる。
　◎僕はザラッとするのが好きなので、Cはちょっと粗めにします。

2 天気がよければ天日干し、または60〜70℃のオーブンで2〜4時間焼いてサラサラにする。

◎保存は通常2〜7日間。長期保存するなら、ハーブはドライを使うか、オーブンや天日などで十分に乾燥させてください。
◎P.26「焼きかぶ」に登場。

114

さつまいものピューレ

Purée de patate douce

▶ YouTube #514

難易度	調理時間
★☆☆	10分

※バターをポマード状にする時間は除く

焼き芋の香ばしさがグ〜！な万能ピューレ。

肉のつけ合わせの他、ディップでもおいしい万能ピューレです。生のさつまいもではなく、甘い焼き芋を使いますよ。牛乳を入れすぎると菓子のイメージになるので、柔らかさは水で調整するのがポイント。焼き芋の香ばしさがいいです。ジンジャーの香りも合います。冷たくてもいいですが、少し温かいくらいが香りが生きて楽しめます。

●材料（2人前）

焼き芋	1本（200g）
バター（食塩不使用）	10g
牛乳	40ml
ジンジャーパウダー	小さじ1
塩、白こしょう	適量
水	適量

●つくり方

[準備] 焼き芋の皮をむく。バターを室温でポマード状にしておく。
　◎皮はきれいにむかなくても大丈夫。

1 塩、こしょう、水以外の全材料を鍋に入れて、ヘラでつぶしながらよく混ぜて練る。水を加えて好みの柔らかさに調整する。

2 中火で温める。途中、練りながら硬いようであれば水を加えて好きな柔らかさにする。沸騰したら、塩、こしょうで味をととのえる。
　◎砂糖を加えて甘くするとバリエーションがきかなくなるので、甘さも塩分も控えめにつくるのがおすすめです。
　◎レストランではこしますが、家庭用には粒を残した粗めのピューレでいいと思います。

ボナペティ〜！

◎P.32「塩豚バラのキャラメリゼ」に登場。

お鍋でにんじんのポワレ

Poêlée de carottes

▶ YouTube #482

難易度	調理時間
★☆☆	13分

これだけでもおいしい！にんじんとタイムの甘さがトレビアン。

私は午年生まれですので、にんじんが大好きです！　秋から冬にかけてがいちばんおいしいですね。このレシピはにんじんの甘みを生かしたポワレ。塩、こしょうと、ほんの少しの砂糖を補って蒸し焼きにし、コリコリした歯ごたえを残します。タイムの甘い香りもあって、トレビアン！　これだけでもおいしいですし、きのこと炒めたり、つけ合わせにも向きます。

●材料（4〜6人前）

にんじん（皮つきを棒切り）	小3本
玉ねぎ（みじん切り）	¼個
にんにく（みじん切り）	½片
タイム（フレッシュ）	お好みで
てんさい糖	ひとつまみ
水	適宜
塩、白こしょう	適量
バター（食塩不使用）	20g

＊にんじんは茎の根元もおいしいのでよく洗って一緒に炒めます。

●つくり方

1 中火の鍋にバター、にんじんを入れ、さっと炒める。塩、こしょうをふる。ふたをして約5分蒸し焼きにする。
　◎密閉性の高いふたつきの鋳鉄鍋がおすすめ。
　◎焦げつきが心配であれば水を少量加えます。

2 にんじんが柔らかくなったら、玉ねぎ、にんにくを加え軽く炒める。タイム、てんさい糖、水少量を加え、ふたをして約1分蒸し焼きにする。
　◎玉ねぎとにんにくに色がつかないように炒めます。
　◎水分が残っていてもよいですが、気になる方は強火で飛ばしてください。

ボナペティ〜！

◎P.57「鶏もも肉のジャンボネット」に登場。

パン・麺・ご飯

Pains
Nouilles
Riz
Galette
Pizza

エッグベネディクト
Oeufs Bénédicte ▶YouTube #377

難易度 ★★★

調理時間 20分 ※ポーチドエッグをつくる 時間は除く

三國シェフも40年かかった 濃厚オランデーズソースに挑戦!

アメリカ発祥の料理で、リクエストがとても多いんです。イングリッシュマフィンにポーチドエッグなどの具をのせ、とろとろのオランデーズソースをかけます。卵黄と溶かしバターを混ぜ合わせる温かいマヨネーズみたいなもので時間がかかって少し難しいですが、ぜひチャレンジを!ガツンとくるリッチな味です。

● 材料 (2人前)

ポーチドエッグ (P.21) ………… 2個
イングリッシュマフィン ……… 1個
スモークサーモン ……………… 50g
ケイパー ……………………… 小さじ1
オランデーズソース (つくりやすい分量)
　卵黄 …………………………… 2個
　澄ましバター …………………… 125g
　レモン汁 …………………… ¼個分
　塩、カイエンヌペッパー ……… 適量
＊澄ましバターはバター (食塩不使用) を170g使用。

● つくり方

[準備] マフィンは横半分にしてトースターで軽く焼く。電子レンジでバターを溶かし、しばらく放置する。白い液体が沈殿したら、上澄みを澄ましバターとして使う。

1 ボウルに卵黄を入れホイッパーで混ぜる。バターをスプーンでボウルの端から少しずつ垂らして混ぜ合わせ、とろみをつける。強めに塩、カイエンヌペッパーをふる。
◎ホイッパーだと15分くらいかかるので、ハンドミキサーを使ってもいいです。

卵黄もバターも脂肪分なのでバターは少しずつ加えて、焦らず気長に混ぜてください。可能ならばバターを入れる人と混ぜる人の2人でやったほうがいいです。とろみがついて安心して一気に混ぜると分離しちゃいます。分離してシャバシャバになったら失敗なので、その時はドレッシングとして使いましょう。

2 マフィンに、サーモン、ポーチドエッグを重ねて、皿に盛りつける。1にレモン汁を加えて混ぜ合わせ、ポーチドエッグの上にたっぷりかける。ケイパーを上にのせる。
◎ソースがゆるいのでレモン汁は最後に混ぜ合わせます。レモン汁の量はとろみがなくならない程度に様子を見て加減してください。

ボナペティ〜!

● この料理にはコレ! 白ワイン

オルシュヴィール キュヴェ・ジャン=ポール ピノ・グリ
Orschwihr Cuvée Jean-Paul Pinot Gris
生産者:ドメーヌ・ヴァレンタン・チュスラン
　　　　Domaine Valentin Zusslin
生産地:フランス、アルザス地方
「グリ」は「灰色」という意味ですが、白ワインの品種で、ロゼに近い色が出ることもあります。このピノ・グリはかりんの香りもしてグーです。

パン 麺 ご飯

ガーリックフレンチ
トースト

Pain perdu à l'ail ▶YouTube #469

難易度	調理時間
★☆☆	45分

にんにくとオイルの香りがたまらない！
お酒に合うフレンチトースト。

甘いフレンチトースト（『三國シェフのベスト・レシピ136』のP.146参照）をご紹介しましたが、これはにんにく風味。砂糖が入っていないので、オトナのフレンチトーストです。オリーブオイルとにんにくの香りがたまりません。個人的にはもう少しにんにくをきかせてもいいくらいです。シャンパン、ビールはもちろん、コーラも合います。温かいうちに食前酒と一緒にどうぞ。おしゃれです。

🍳材料（2人前）

食パン（6枚切り）……………………2枚
アパレイユ
　卵……………………………………1個
　牛乳……………………………¾カップ
　にんにく（すりおろす）…………½片
　パセリ（みじん切り）……お好みの量
　粉チーズ…………………………20g
　パプリカパウダー………………適量
パプリカパウダー……………………適量
オリーブオイル……………………大さじ1

＊パンは余っているもので、バゲットでも何でもいいです。
＊パセリがなければお好みのハーブで。

🍳つくり方

1　ボウルに**アパレイユ**の材料を入れ、ホイッパーで混ぜる。バットに移して、パンをアパレイユに浸ける。パンがアパレイユを吸うまで冷蔵庫に入れる。
　◎バットに残ったアパレイユはゴムベラでとってパンに塗ってください。

2　中火のフライパンにオリーブオイルを入れ、パンを1枚ずつ約5分焼く。フライパンにくっつかないようにこまめにひっくり返しながら、まんべんなく焼き色をつける。
　◎フライパンが完全に温まる前にパンを入れて、パンにオイルを吸わせてからじっくり焼きます。最初から強い火にかけると焦ってきれいに焼き色がつけられません。うまく焼き色がつけば中まで火が通っておいしくなります。

仕上げにパプリカパウダーを
ふったら、ボナペティ〜！

運命的な出会いの数々

フランスには1900年前後に活躍したエスコフィエという偉大な料理人がいて、モーツァルト的な天才ぶりを発揮しました。パリのホテル・リッツ料理長時代、彼の下で働いていたのが、のちに「天皇の料理番」となる秋山徳蔵氏です。そして約100年後、新たなモーツァルトとして注目されたのがスイスの料理人フレディ・ジラルデ。世間の目がフランスだけに注がれていた時代、ジラルデが脚光を浴びる直前に初めて彼の下で働いた日本人が僕、三國清三なんです。その後も素晴らしい料理人の下で働く機会を得て、最後に薫陶を受けたのが「厨房のダ・ヴィンチ」と称されたリヨンのアラン・シャペル。モーツァルトからダ・ヴィンチに至る数々の出会いが僕を成長させてくれ、今があるんです。

🍷**この料理にはコレ！** スパークリングワイン

クレマン・ド・ブルゴーニュ ブリュット
Crémant de Bourgogne Brut
生産者：ピエール・ポネル　Pierre Ponnelle
生産地：フランス、ブルゴーニュ地方
ピノ・ノワールとシャルドネでございます。青りんごの香りがして、きめ細やかなやわらかい泡とすっきりした味わいが料理を引き立てます。

パン
麺
ご飯

ミートボールパスタ

Meatball Spaghetti ▶YouTube #668

難易度	調理時間
★★☆☆	15分

※パスタを茹でる時間は除く

ごつごつのミートボールで
ボリューム満点!

僕は『ルパン三世』が大好きで必ず見ております。劇場版『カリオストロの城』で登場したミートボールのパスタは、みなさん大注目のようですね。映画やアニメでもよく出てきますが、ごつごつした大きなミートボールがいいですね。僕は一日1回、パスタを食べないと元気が出ませんが、これは濃厚で普通においしくてペロリといけます。

●材料(2人前)

ミートボール

合いびき肉	350g
硬くなったパン(なければパン粉)	1切れ
牛乳	大さじ3
卵	1個
にんにく(みじん切り)	½片
ナチュラルチーズ(削る)	お好みの量
イタリアンパセリ(みじん切り)	ふたつまみ
塩、黒こしょう	適量
ナツメグ	適量
トマト缶(あらごし)	1缶
玉ねぎ(みじん切り)	½個
にんにく(みじん切り)	1片
塩、黒こしょう	適量
オリーブオイル	大さじ3
パスタ(乾麺)	200g
イタリアンパセリ(みじん切り)	適量
ナチュラルチーズ(削る)	適量

＊パンは時間のたった硬いものがいいです。食パンでもバゲットでも。
＊ナチュラルチーズは「グラナ・パダーノ」を使用。なければ粉チーズでも。
＊トマト缶はKAGOMEの「濃厚あらごしトマト」を使用。

●つくり方

[準備]パンをちぎって牛乳に浸しておく。パスタを硬めに茹でておく。

1 ボウルに**ミートボール**の材料を入れて混ぜ合わせる。
◎チーズはうま味成分のグルタミン酸がたっぷり入っているので、たくさん入れてください。
◎肉がほんのり白くなるまで混ぜます。

2 中火のフライパンにオリーブオイル(大さじ1)を入れ、**1**をボール形に丸めて焼く。途中から強火にし、表面がカリッと焼けたら、一度取り出す。
◎ハンバーグくらいの量を手で丸めてから、親指と人差し指の間から絞り出して1個ずつちぎっていくと、素早くミートボール状になります。きれいに丸めなくても大丈夫。
◎フライパンが温まってからだと焦るので、火にかけたらすぐにミートボールを入れます。トマトソースで煮るので強めに焼き色をつけても大丈夫です。

3 同じフライパンに玉ねぎを入れ軽く炒め、にんにくも加え炒める。あらごしトマトを加えて混ぜ、中火にする。塩、こしょうをふる。
◎玉ねぎを入れた際にフライパンの焦げを落とすようにしてください。

4 ミートボールをもどす。ソースが沸騰したら、パスタを加え混ぜる。パスタが温まったら皿に盛りつけて、チーズ、パセリ、残りのオリーブオイル、こしょうをかける。
◎ミートボールは柔らかいのでつぶさないように混ぜてください。

ボナペティ〜!

●この料理にはコレ! 赤ワイン

モンタペルト キャンティ・クラッシコ
Montaperto Chianti Classico
生産者:ファットリア・カルピネータ・フォンタルピーノ
Fattoria Carpineta Fontalpino
生産地:イタリア、トスカーナ州
『カリオストロの城』にちなんで、イタリアの有名なキャンティ・クラッシコです。チェリーの香りと少しバニラ香もしてエレガントです。

パン麺ご飯

基本の
ボロネーズソース

Sauce bolognaise ▶YouTube #567

難易度	調理時間
★★☆	45分

※フードプロセッサーで
みじん切りにした場合

シンプルでおいしい!
王道パスタソース。
肉に軽く焼き色を
つけるのがポイント。

みなさんの大好きなミートソースですよ。ひき肉と香味野菜を炒めて、赤ワインとトマトで煮込むだけです。簡単です。見た目よりあっさりしたレシピなので、お子様も喜んで食べてくれるでしょう。肉は合いびきでも牛肉100%でも。軽い焼き色がつくくらいに炒めて水分を飛ばすのがポイント。冷凍もできるので、一度にたくさんつくるとよいと思います。

●材料(4〜5人前)

合いびき肉 ……………………… 500g
カットトマト ……… 1パック(390g)
にんにく(みじん切り) ………… 2片
玉ねぎ(みじん切り) …………… 1個
にんじん(みじん切り) ………… 1個
セロリ(みじん切り) …………… 1本
ブーケガルニ(ティーバッグタイプ)
……………………………………… 1袋
ローリエ ………………………… 1枚
赤ワイン ……………………… 1カップ
トマトペースト(KAGOME)
……………………………… 1袋(18g)
オリーブオイル ………… 大さじ3
塩、黒こしょう ………………… 適量

茹でたパスタ ………… お好きな量
＊カットトマトはソル・レオーネの「ダイストマト」を使用。
＊野菜はフードプロセッサーで細かくしても。

●つくり方

1 強火の鍋にオリーブオイル、合いびき肉を入れてパラパラにほぐすように炒める。塩、こしょうをふる。肉の赤い部分がなくなったら、野菜を加えて炒める。軽く塩、こしょうをふる。◎ヘラで肉をつぶすように炒めると、ほぐしやすいです。

2 赤ワインを加えたら一度沸騰させ、軽く煮る。軽く塩、こしょうをふる。カットトマト、トマトペーストを加え、混ぜ合わせる。ブーケガルニ、ローリエを入れて、ふたをして弱火で約30分煮詰める。

3 ブーケガルニを取り出し、中火にして塩、こしょうで味をととのえる。

パスタにかけたら、
ボナペティ〜!

パン
麺
ご飯

●この料理にはコレ! 赤ワイン

ロッソ・ディ・モンタルチーノ　Rosso di Montalcino
生産者:チェッキ　Cecchi
生産地:イタリア、トスカーナ州
トスカーナの赤ワインといえばサンジョヴェーゼ種。これもその一つで、いちごなどのベリーの香りがしますよ。タンニンもしっかりあるいいワインです。

クロックムッシュ ケーキ
Croque-cake ▶YouTube #488

難易度 ★☆☆
調理時間 50分
※バターを柔らかくする時間、粗熱をとる時間は除く

食パンがおしゃれに大変身！オーブンで簡単クロックムッシュ。

クロックムッシュ（『三國シェフのベスト・レシピ136』のP.28参照）を取り上げましたが、これは同じ材料をパウンド型に詰めて焼く応用編。見た目がゴージャスでしょ。フランスの惣菜店にもあるスタイルなんです。焼きたては崩れやすいので少し冷ましてからカットするのがいいんですが、それだけ柔らかくてパンのグラタンという印象です。ブランチにつくると素敵ですよ。

🍳材料（880mlパウンド型1個分）

食パン（6枚切り）・・・・・・・・・・・・・・・3枚
スライスハム・・・・・・・・・・・・・・・・・・・8枚
ピザ用チーズ・・・・・・・・・・・・・・・・・・90g
ベシャメルソース（P.13）・・・・・大さじ3
バター（食塩不使用）・・・・・・・・・・・・・30g
アパレイユ
　牛乳・・・・・・・・・・・・・・・・・・・・・120ml
　卵・・・・・・・・・・・・・・・・・・・・・・・・・1個
　ナツメグ・・・・・・・・・・・・・・・・・・・適量
　塩、白こしょう・・・・・・・・・・・・・・・適量

🍳つくり方

[準備] バターは室温でポマード状にしておく。パンは型の底面の大きさに合わせて切り分ける。オーブンは180℃に温める。

1　バットにアパレイユの材料を混ぜ合わせ、パンを浸す。
2　型にクッキングシートをしいて、バター（少量）を塗る。パン（約⅓量）、ベシャメルソース（半量）、ハム（半量）、チーズ（⅓量）の順で2回重ねる。最後に残ったパンでふたをして、手で上から押し込む。残りのバターを上に塗って、チーズをふりかける。
3　180℃のオーブンで40分焼く。最後の10分は、焦げないようにアルミホイルをかぶせる。粗熱がとれたら型から抜く。

ボナペティ〜！

2

小さく切ったパンは、組み合わせて型にぴったり詰めてください。耳が外側に来るように入れます。

🍳この料理にはコレ！ 白ワイン

デルタ シャルドネ　Delta Chardonnay
生産者：デルタ・ワイン・カンパニー
　　　　Delta Wine Company
生産地：ニュージーランド、マールボロ地方
ニュージーランド産のシャルドネのワインです。レモンの皮の苦みとバニラの香りが若干あり、なかなかに上品で味わい深いです。

パン
麺
ご飯

そば粉のガレット
Galette de sarrasin

▶YouTube #126

難易度	調理時間
★☆☆	8分

※一晩寝かせる時間は除く

ブランチにぴったり簡単ガレット！
厚めに焼くとリッチ感が出て◎

「味覚の1週間」とは？

食育活動は日本だけでなく、フランスでも盛んですよ。美食の国ですし、味覚の先進国だけあって30年も前から取り組み中。毎年、「味覚の1週間（La Semaine du Goût®）」と題して、10月の第3週に小学校やレストランに子どもたちを集めて行うんです。五感を使って味わうことの大切さを学び、食の楽しみを体感することが目的で、星つきレストランのシェフが講師になるなど大活躍。日本は2011年からこの活動に加わり、フランスから有名シェフを何人も招聘したり、僕たちがフランスへ出向いたりと交流しながら活動を展開しています。パリではシャンゼリゼで行進も行われるくらい、規模も大きく社会に浸透しているんですよ。

ガレットとは平たく焼いたもの。なかでもブルターニュの郷土料理のそば粉のガレットが有名です。クレープのように焼いてハムやチーズ、卵をのせるのがスタンダードです。アツアツを食べるとそば粉が香り、具材と完璧な相性。ぜひそば粉を手に入れてください。生地は心持ち厚めに焼くとふくよかでリッチな風味が感じられます。

◉材料（4〜6人前）

そば粉（なければ薄力粉） ………… 100g
水 …………………………………… 250g
塩 …………………………………… 2g
具材（1人前）
┌ 卵 ………………………………… 1個
├ スライスハム（適当に切る） …… 4枚
└ スライスチーズ ………………… 1枚
オリーブオイル …………… 大さじ1

◉つくり方

1 ボウルにそば粉、塩を入れ、中心にくぼみをつくって水を加えながらホイッパーで混ぜ合わせる。冷蔵庫で一晩寝かせる。

2 中火のフライパンにオリーブオイルを熱し、**1**を少量流し入れる。生地の表面が乾いてきたら、弱火にし、卵を割り入れる。卵白の上にハム、チーズの順でおく。
◎スプーンの背で卵白を全体に広げ、黄身を中央におくと、きれいに焼き上がります。

3 生地が焼けてきたら半分に折って、具材に火を通す。何度か裏に返しながら焼く。

ボナペティ〜！

◉この料理にはコレ！ シードル

シードル・ヴァル・ド・ランス クリュ・ブルトン・ブリュット
Cidre Val de Rance Cru Breton Brut
生産者：レ・セリエ・アソシエ社　Les Celliers Associés
生産地：フランス、ブルターニュ地方
ブルターニュの料理にはブルターニュのお酒を。りんごからつくられるシードルを合わせます。発泡性があってほのかにりんごが香り、さわやかです。

パン
麺
ご飯

レモンクリームの フェットチーネ

Fettuccine au citron

▶ YouTube #089

難易度 ★★☆
調理時間 10分 ※パスタを茹でる時間は除く

酸味とピリッと黒こしょうで食欲増進！レモンは搾った後の身も炒めて香り豊かに。

夏向きのさっぱりしたレモンクリームソースのパスタです。レモンの酸味が食欲を増進して、難なく食べられますよ。レモンは皮と果汁を使いますが、残った果肉も一緒に煮込むので、香りも酸味も十二分にきいております。ピリッとしたこしょうがいいアクセントになるので、大人向けにはしっかりきかせるといいですよ。

材料 (2人前)

フェットチーネ (乾麺)	180〜200g
エリンギ (乱切り)	1〜2本
レモン	1個
牛乳	90ml
生クリーム	1カップ
粉チーズ	50g
オリーブオイル	大さじ1
バター (食塩不使用)	10g
塩、こしょう (白、黒)	適量

つくり方

[準備] フェットチーネは硬めに塩茹でしておく。レモンは皮をすりおろし、果汁を搾る。

1. 中火のフライパンにオリーブオイルとバターを熱し、皮と果汁をとった後のレモン、エリンギを炒める。エリンギが色づいてきたらレモンを取り除く。
   ◎搾った後のレモンからもまだ香りが出るので使います。

2. 牛乳、生クリーム、レモン汁を加えて沸騰させる。塩、白こしょうで味をととのえる。

3. フェットチーネを加えてからめながら煮詰める。レモンの皮、粉チーズ (半量) を加え、塩、白こしょうで味をととのえる。

粉チーズと黒こしょうをふったら、ボナペティ〜！

この料理にはコレ！ 白ワイン

シャトー・カミュ　Château Camus
生産者：シャトー・カミュ　Château Camus
生産地：フランス、ボルドー地方
ちょっと濃いめのボルドーの白ワイン。ブルゴーニュ産と違ってコクが強いです。酸味のきいたクリームソースにも、こしょうにもマッチします。

パン
麺
ご飯

ふわとろオムライス チーズソース

Ome-rice sauce au boursin

▶YouTube #334

難易度	調理時間
★☆☆	20分 ※ご飯を炊く時間は除く

初心者でも絶対失敗しない！チーズソースのスペシャルなオムライス。

オムライスは老若男女、みなさんに大人気ですね。卵で包むのが難しいとの声を聞くので、ふわとろの卵焼きをバターライスにふわりとのせる簡単テクをご紹介しますよ。卵は半熟に焼くだけ。ライスはケチャップで炒めず、ミニトマトと野菜を入れて炊飯ジャーで炊きます。これにリクエストのあったチーズソースをかければ、最高のオムライス！

● 材料（2人前）

オムレツ

卵	4個
牛乳	大さじ2
ナツメグ	適量
バター（食塩不使用）	30g

バターライス（つくりやすい分量）

米	1合
水	1¼カップ
鶏もも肉（一口大）	200g
ミニトマト	10個
しめじ	50g
玉ねぎ（みじん切り）	20g
にんじん（みじん切り）	15g
セロリ（みじん切り）	10g
バター（食塩不使用）	15g

チーズソース（つくりやすい分量）

フレーバーチーズ（にんにく味）	50g
牛乳	大さじ4
塩、白こしょう	適量

＊フレーバーチーズは「ブルサン ガーリック ＆ハーブ」を使用。

パン 麺 ご飯

● つくり方

[準備] 鶏もも肉に軽く塩、こしょうをふる。

1 中火のフライパンで鶏肉を皮目から焼く。空いた場所でしめじ、ミニトマトも加えてさっと炒める。鶏肉の皮に薄く焼き色がついたら裏返して火を止める。
◎炊く前に材料を軽く炒めるだけで、できあがりの香りが全然違いますよ。

2 バターライスの材料をすべて炊飯ジャーに入れて炊く。オムレツをつくる直前に皿に盛る。
◎炊く際に、お好みで塩をふってください。

3 小鍋にチーズソースの材料を入れ、温めながらホイッパーで混ぜる。

4 ボウルに卵、牛乳を入れ、塩、こしょう、ナツメグをふり、フォークで混ぜる。
◎フォークで雑に混ぜて、卵白と卵黄が混ざりすぎないくらいがちょうどいいです。

ガスは外側から火が入るため、外から中へ卵をかき混ぜます。

5 中火のフライパンにバターを熱し、4を流し入れる。すぐに混ぜず、外側が固まってきたら、固まった部分をフォークで混ぜながら内側へ入れる。これを数回したら、半熟の状態で火を止めて、2の上にのせる。
◎フッ素樹脂加工のフライパンを使います。
◎最後はフライパンをゆすって、滑らせるようにバターライスにのせます。

温かいチーズソースをかけたら、ボナペティ～！

● この料理にはコレ！ 白ワイン

ヴーヴレ・セック・ルネッサンス Vouvray Sec Renaissance
生産者：セバスチャン・ブリュネ Sébastien Brunet
生産地：フランス、ロワール地方
ロワールの白ワインはさわやかであっさりした風味。とくにシュナンブラン100％のヴーヴレは、はちみつやかりんなどが香るフルーティなワインです。

レバニラ丼
REBANIRA-DON ▶YouTube #103

難易度 ★☆☆　調理時間 20分

レバーとニラの
炒め加減が重要！
味噌とバルサミコ酢の
コクもたまらない。

体力をつけたい時にはレバニラ炒め！　大好きです。ここでは温かいご飯にのせてレバニラ丼にしてみました。僕のレシピは隠し味にバルサミコ酢と八丁味噌を使っているのが特徴。甘酸っぱさと味噌のコクが加わってたまりません。ニラと玉ねぎはシャキシャキ、レバーはふわっとした食感が残るよう、炒めすぎないようにしてくださいね。

🍳材料（2人前）

鶏レバー（そぎ切り）	160g
玉ねぎ（厚めのスライス）	½個
にんにく（薄切り）	½片
ニラ（6等分）	½束
バルサミコ酢	大さじ2
醤油	小さじ1
八丁味噌	小さじ½
オリーブオイル	大さじ1
牛乳	適量
塩、黒こしょう	適量
薄力粉	適量
ご飯	2人前

＊ニラは根元、中間、先端で別々にしておきます。

🍳つくり方

[準備] 鶏レバーは牛乳に約10分浸けて臭みをとる。醤油と八丁味噌を合わせておく。

1 レバーに塩、こしょうをふり、薄力粉をまぶす。

2 中火のフライパンにオリーブオイル（半量）を熱し、レバーを焼く。軽く焼き色がついたら一度取り出す。
◎後で野菜と炒めるので、ここでは焼き色だけで大丈夫です。

3 同じフライパンに残りのオリーブオイルを熱し、玉ねぎ、にんにく、ニラの根元、中間、先端の順に加えて、そのつどよく炒める。
◎玉ねぎとニラの硬いところはよく炒めてください。

4 ニラがしんなりし始めたら、レバーをもどしさっと炒める。仕上げに強火にして、バルサミコ酢、醤油と八丁味噌を加えて全体をさっと合わせる。
◎ニラはすぐに火が入るので、まだ少し硬さの残っている時にレバーを入れてください。
◎レバーはふわっとさせたいので、炒めすぎないのがポイントです。

ご飯にのせて、ボナペティ〜！

🍷この料理にはコレ！ 赤ワイン

ブルゴーニュ・ピノ・ノワール　Bourgogne Pinot Noir
生産者：メゾン・シャンピー　Maison Champy
生産地：フランス、ブルゴーニュ地方
ブルゴーニュを代表するピノ・ノワールです。非常にデリケートな味わいで、フォワグラに似た鶏レバーの風味にばっちり合いますね。もう最高です。

パン
麺
ご飯

簡単うす焼きピザ
Pizza croustillante ▶YouTube #423

━難易度━
★☆☆

━調理時間━
25分

※生地を寝かせる時間は除く

フードプロセッサーで
簡単ピザ生地!
ジャコとルーコラがアクセントに。

サクサク、カリカリの薄焼きピザで
す。生地をフードプロセッサーでま
とめるので超簡単。なければ手でこ
ねてくださいね。生地ができたら手
で伸ばして、具をのせて高温で焼く
だけ。丸くつくる必要はなく、天板に
合わせて四角に広げればラクです
よ。具はお好きなもので。ジャコや
ルーコラのように味のアクセントに
なるものを入れるといいですね。

🍳材料（1枚分）

ピザ生地

強力粉	200g
てんさい糖	ひとつまみ
イースト	3g
塩	3g
ぬるま湯	120ml
オリーブオイル	30ml

トマト缶（あらごし） ……… 適量

具材

ちりめんジャコ	適量
黒オリーブ	10 〜 15個
カッテージチーズ	適量

オリーブオイル ……… 適量
ルーコラ ……… 適量

＊トマト缶はKAGOMEの「濃厚あらごし
　トマト」を使用。
＊具材はお好きなもので。

🍳つくり方

[準備]オーブンは300℃に温める。天
板にクッキングシートをしく。

1 フードプロセッサーに**ピザ生地**の
　材料を入れて回す。丸くなったらボ
　ウルに移し、手に強力粉（分量外）をつ
　けて数回引っ張り、冷蔵庫で20 〜
　60分寝かせる。

2 まな板に粉（分量外）を打って、手にも
　粉をつけ、生地を天板の大きさに合
　わせて手で伸ばす。フォークで複数
　個所穴をあけたら、天板に移す。
　◎めん棒でもよいですが、手で伸ば
　せば簡単ですし、少しデコボコした
　ところに手づくり感が出ます。

3 生地にトマト缶（あらごし）を塗り、具
　材をのせる。最後にオリーブオイル
　をたっぷりかける。
　◎じゃこはチーズの上にのせるの
　が僕は好きです。

4 300℃のオーブンで約15分焼く。

ルーコラをたっぷりのせたら、
ボナペティ〜!

パン
麺
ご飯

フレンチ ホットドッグ

Sandwich chaud saucisse

▶YouTube #529

難易度	調理時間	
★☆☆	45分	※バターをポマード状にする時間、ベシャメルソースをつくる時間は除く

ベシャメルとチーズが山盛り！バゲットでつくる超フランスっぽいホットドッグ。

ホットドッグといえばアメリカですが、実はフランス人も好きなんですよ。バゲットでつくるんです。それからたっぷりのベシャメルソースを入れてチーズも山盛りにかける。ここが超フランスっぽいですね。ぜひ、焼きたてのアッツアツを食べてくださいね。パンは太めの少し柔らかいバゲットでも食べやすくておいしいですよ。

●材料（3人前）

バゲット ……………………… 1本
ソーセージ …………………… 3本
バター（食塩不使用）………… 15g
粒マスタード（なければからし）
……………………………… 大さじ2
ベシャメルソース（P.13）
………………………… たっぷりの量
グリュイエールチーズ（なければピザ用チーズ）
………………………… たっぷりの量

●つくり方

[準備]バターは室温でポマード状にする。バゲットはソーセージの長さに切り、縦に切り込みを入れてしっかり広げる。オーブンは180℃に温めておく。

1 バゲットにバター、マスタードを順に塗る。ベシャメルソースをのせて、ソーセージを押し込む。チーズを削ってたっぷりのせる。
　◎バゲットにお好みでにんにくをこすりつけてもいいです。
　◎ベシャメルソースは塗り広げないでたっぷりの量をボテッとのせます。
2 180℃のオーブンで15分焼く。

ボナペティ〜！

3.11で過去最高益になったエピソード

37年間の店の歴史の中で試練にさらされたことは何度もありましたが、東日本大震災の時はさすがに店を閉める覚悟でいました。でも、在アメリカの日系の友人から、9.11の事件でニューヨーク市長が市民に呼びかけた話を聞かされましてね。「みんな辛いだろうけど、街の灯りを取りもどそう」とレストランに集うことを提案したというんです。で、僕も思い立った。ランチもディナーも通常の半額にし、さらに頂戴した売り上げの半分を東北に寄付するプランを立てたんです。お客さまも僕の思いに賛同してくれたんでしょう。昼夜満席となり、その年の利益は過去最高に達しました。レストランはどうあるべきかということも考えさせられた出来事でしたね。

●この料理にはコレ！ ビール

キリンラガービール　KIRIN LAGER
生産者：キリンビール
生産地：日本
ホットドッグにはやっぱりビールでしょう。キリンラガーは苦みがあって僕が一番好きなタイプ。しっかり冷やして、僕はさらに氷を入れて飲んでます！

パン
麺
ご飯

パリ風鶏めし
Riz au poulet parisien

▶ YouTube #491

難易度	調理時間
★★☆	30分

鶏手羽の出汁で
うま味調味料不要！
きのことクリームの簡単リゾット。

わかりやすく言えば、鶏肉ときのこの炊き込みご飯。マッシュルームはフランス語で「シャンピニョン・ド・パリ」と言って、これと生クリームを使うとパリ風――パリジェンヌと呼ぶことが多いんですよ。骨つきの手羽肉を使えばおいしい出汁が出るので、うま味調味料の必要がありません！材料を炒めて、水分を加えて、鍋でそのまま炊けば鶏めし完成。

●材料（2～3人前）

鶏手羽先、手羽中	350g
にんじん（みじん切り）	⅓本
玉ねぎ（みじん切り）	½個
にんにく（みじん切り）	1片
しめじ	100g
米	200g
白ワイン	大さじ2
湯	2カップ
ブーケガルニ（ティーバッグタイプ）	1袋
生クリーム	¼カップ
牛乳	¼カップ
バター（食塩不使用）	30g
オリーブオイル	大さじ1
塩、白こしょう	適量

●つくり方

[準備] 鶏手羽先、手羽中は両面に塩、こしょうをふる。

1 強火のフライパンにオリーブオイルを熱し、鶏肉を皮目から焼く。◎皮をカリカリに焼くのが重要です。焼けるまでじっと我慢して、強すぎるくらいに焼き色をつけてください。煮込むと色が薄くなります。

2 焼けたら裏に返し、バター、玉ねぎ、にんじん、にんにくを順に加えて炒め合わせる。しめじを加えて炒める。軽く塩、こしょうをふり、白ワインを加え、アルコールを飛ばす。米を加え、よく炒める。

3 湯、ブーケガルニを加える。沸騰したら、ふたをして弱火で約15分煮込む。

4 牛乳、生クリームを加え、混ぜ合わせる。火を止めて、塩、こしょうで味をととのえる。

ボナペティ～！

パン
麺
ご飯

●この料理にはコレ！ 白ワイン

ドメーヌ・サン・ティレール シャルドネ
Domaine Saint Hilaire Chardonnay
生産者：ドメーヌ・サン・ティレール　Domaine Saint Hilaire
生産地：フランス、ラングドック・ルシヨン地方
りんごの香りが非常に素敵なワインです。まろやかなコクとキレのある後味が鶏めしによく合います。

手羽先の
フレンチカレー

Ailerons de poulet au curry

▶ YouTube #119

難易度	調理時間
★★⯪☆	15分

※レーズンをもどす時間は除く

スパイシーだけどマイルド！
野菜とスパイスを一緒に
炒めるのがポイント。

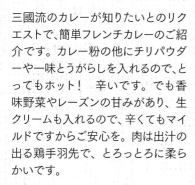

三國流のカレーが知りたいとのリクエストで、簡単フレンチカレーのご紹介です。カレー粉の他にチリパウダーや一味とうがらしを入れるので、とってもホット！ 辛いです。でも香味野菜やレーズンの甘みがあり、生クリームも入れるので、辛くてもマイルドですからご安心を。肉は出汁の出る鶏手羽先で、とろっとろに柔らかいです。

◉材料（2人前）

鶏手羽先	6本
玉ねぎ（みじん切り）	½個
にんじん（みじん切り）	1/6本
にんにく（みじん切り）	1片
レーズン	20g
生クリーム	½カップ
白ワイン	½カップ
カレー粉	小さじ1
チリパウダー	小さじ½
パプリカパウダー	小さじ½
一味とうがらし	小さじ½
バター（食塩不使用）	20g
塩、白こしょう	適量
イタリアンパセリ	少々

◉つくり方

[準備] レーズンは水でもどしておく。鶏手羽先の両面に塩、こしょうをふる。

1 強火のフライパンにバター（半量）を熱し、手羽先を皮目から焼く。皮目に焼き色がついたら裏に返し、中火にする。同じくらい焼き色がついたら取り出す。
◎皮をカリッカリに焼いて火を通すようなイメージです。

2 同じフライパンに残りのバター、玉ねぎ、にんじん、にんにくを順に加えて、じっくり炒める。カレー粉、チリパウダー、パプリカパウダー、一味とうがらしを加えて炒める。
◎野菜と一緒にスパイスを炒めるのがポイントです。スパイスの香りと野菜のうま味が合わさります。

3 1をもどし、白ワインを加えアルコールを飛ばし、生クリーム、レーズンを加えて2〜3分煮込む。塩、こしょうで味をととのえる。
◎煮汁をスプーンで鶏肉にかけながら煮込みます。

イタリアンパセリをちらしたら、ボナペティ〜！

◉この料理にはコレ！ 赤ワイン

ナーリー・ヘッド オールド・ヴァイン・ジンファンデル
Gnarly Head Old Vine Zinfandel
生産者：デリカート・ファミリー・ヴィンヤーズ
Delicato Family Vineyards
生産地：アメリカ、カリフォルニア州
カリフォルニアの代表的なワインで、ジンファンデルはぶどうの品種名。スパイシーな風味があるので、カレーにぴったりですよ。氷を入れて飲むのが流行りです。

パン
麺
ご飯

デザート・飲み物

ヴァンショー

Vin chaud ▶YouTube #174

難易度 ★☆☆　調理時間 10分

スパイスで寒い冬でもぽっかぽか！フランスの子供の風邪薬。

ヨーロッパでは、スキー場など寒いところでよくヴァンショーを飲むんです。僕もスイスにいる時はいっぱい飲みました。「温かい赤ワイン」という意味で、オレンジやスパイス、はちみつなどを入れて煮るので香りも飲み口もよく、体がぽかぽかに温まります。胃の調子が悪い時や風邪っぽい時にも元気が出るのでおすすめですよ。

🌀材料（2杯分）

赤ワイン …………………… 300ml
ラム酒（なければ日本酒）……… 大さじ1
はちみつ …………………… 大さじ2
みかん ……………………… 2個
八角 ………………………… 1個
シナモンスティック …………… 1本
クローブ …………………… 3粒
しょうが（輪切り）…………… 3枚
＊YAMAZAKI WINERY（北海道）の赤ワイン「ピノ・ノワール」を使用。
＊甘い味が好きな方は、はちみつの量を2倍にしてください。
＊柑橘はヨーロッパ流にオレンジを使ってもよいです。

🌀つくり方

[準備] みかんはヘタを切り落とし、厚めの輪切りにする。

1　鍋を強火で温めてから、赤ワイン、ラム酒を入れて沸騰させ、しばらく熱してアルコールを飛ばす。
　◎鍋を熱くしておくとアルコールが飛びやすくなります。本来は煮るだけでアルコールを残しますが、今回は大きいお子様が飲めるようにアルコールを完全に飛ばします。

2　一度火を止めて、残りの材料を加えて、弱火で約3分煮る。
　◎ここでは沸騰させないでください。

ボナペティ～！

YouTube が普段の自分

若い頃の僕のイメージは調理場で怒鳴りまくる「怖いシェフ」。レストランも高級すぎて入りにくいし、と近寄りがたいものがあったらしいです。それが、YouTube ではダジャレは言うわ、よく笑うわ、よく食べるわ（笑）。あまりの落差にみなさん驚いたようです。どっちが本当かって？　スタッフ曰く「ふだんは YouTube のテンション、調理場に入るとコワイ…」。仕事場では神経をとがらせていないと、いいものができないですからね。本当に YouTube のおかげでお客様が増え、ご近所さんとも仲良くなれました。これまで目も合わせてもらえなかったのが、遠くから手を振ってくれたり（笑）。髪よけ用につけ始めたヘアピンもすっかり僕のトレードマークになって、みなさんから届くプレゼントが膨れ上がってます。ありがたいです。

バスクチーズケーキ

Gâteau au fromage basque ▶YouTube #481

難易度	調理時間
★★☆	40分

※粗熱をとり冷蔵庫で一晩寝かす時間は除く

混ぜるだけの簡単レシピ！
苦くなくて、中はしっとり。

今、コンビニで大人気の「バスチー」は、バスク風チーズケーキの略なんですってね。原形のケーキがこれです！ ご覧のように、高温で表面を真っ黒に焼くのがバスクのスタイルですが、全然苦みを感じません。中はとろっとろ。チーズをそのまま食べている感じです。赤ワインやブランデーにも合いますよ。

材料（880mlのパウンド型1個分）

クリームチーズ	200g
てんさい糖	80g
卵	1個
生クリーム	½カップ
薄力粉	大さじ1

つくり方

[準備]クリームチーズを室温で柔らかくしておく。型にクッキングシートをしく。オーブンは230℃に温めておく。

◎クッキングシートは、型の大きさに合わせて、四隅に斜めにハサミを入れるときれいにしけます。

1 ボウルにクリームチーズを入れ、ホイッパーで混ぜて柔らかくする。薄力粉をまんべんなく全体にふって加え、混ぜる。卵を加え混ぜる。てんさい糖をまんべんなく全体にふって加え、よく混ぜる。生クリームを加えゆっくり混ぜ合わせる。

◎薄力粉とてんさい糖はダマになりやすいので、1か所にまとめて入れないでください。

2 型に流し入れ、230℃のオーブンで25～35分焼く。粗熱がとれたら一晩冷蔵庫で寝かせる。

◎濃度があり、とろっとしているので型に入れてから空気を抜く必要はありません。

切り分けたら、ボナペティ～！

◎熱湯にナイフを浸けると切り分けやすくなります。

この料理にはコレ！ スパークリングワイン

ドン・ロメロ カバ ブリュット　Don Romero Cava Brut
生産者：ドン・ロメロ　Don Romero
生産地：スペイン、カタルーニャ州
スペインの発泡性ワインですが、薄いピンク色がいいですね。青りんごの香りがして、まろやかでネチョッとしたチーズケーキにばっちり合います。

デザート
飲み物

レモンのスフレ

Soufflés au citron ▶YouTube #602

難易度	調理時間
★★☆	20分

※バターを柔らかくする
時間は除く

メレンゲの力でふわふわに！膨らまなくても大丈夫。

卵とてんさい糖とレモンだけでつくるシンプルスフレです。卵白をしっかり泡立てて、その気泡だけでぐっと持ち上げます。食べるとしっとりふわふわ。空気を食べているみたいに軽いです。温かくてレモンがさわやかなのもたまりません！万が一膨らまなくてもおいしい材料ばかりなので、ぜひチャレンジしてください。

🍫材料 （直径9cmのココット3個分）

レモン	1個
てんさい糖	20g + 20g
卵黄	2個分
卵白	3個分
粉糖	適量
バター（食塩不使用）	適量

🍫つくり方

[準備] 卵白とメレンゲをつくるボウルとホイッパーは冷蔵庫で冷やしておく。バターは室温でポマード状にしておく。レモンの皮は黄色の部分のみをおろし器で削り、果肉は半分に切って果汁を搾る。オーブンを200℃に温めておく。

1 ココットにバターをたっぷり塗って、てんさい糖（分量外）をまぶし、冷蔵庫で冷やす。

2 ボウルに卵黄、てんさい糖（半量）を入れ、ホイッパーでしっかり混ぜる。レモン果汁、皮を加え混ぜる。冷蔵庫で冷やす。

てんさい糖はバターを塗ったココットに入れたら、ココットを回したり叩いたりすると側面にもきれいにまぶせます。

3 冷やしておいたボウルに卵白を入れ、ホイッパーで混ぜる。残りのてんさい糖も加え、八分立てのメレンゲをつくる。**2**を半量加えてヘラで混ぜる。残りも加えたら、ふんわり混ぜる。

4 ココットに流し入れ、200℃のオーブンで10分焼く。
◎わざと雑な仕上がりにしたいので器に移した後、空気は抜けません。

粉糖をふったら、
ボナペティ〜！

🍫この料理にはコレ！ デザートワイン

ネクター ヴーヴレ　Nectar Vouvray
生産者：ドメーヌ・マルク・ブレディフ　Domaine Marc Brédif
生産地：フランス、ロワール地方
甘口の貴腐ワインです。ロワール地方ですので品種はシュナン・ブラン。美しい黄金色で、アプリコットの香りがします。レモンの酸味とばっちり合います。

デザート
飲み物

バナナケーキ

Gâteau à la banane ▶YouTube #661

難易度 ★★☆
調理時間 50分
※粗熱をとる時間は除く

ベーキングパウダーいらず！
てんさい糖でコクのある味わいに。

僕が毎日欠かさず食べているバナナをケーキにします。ベーキングパウダーを使わず、泡立てた卵の力でふっくら焼き上げる簡単レシピですよ。生地に混ぜた輪切りのバナナのねっちょり感が最高、最強です。焼き上がってすぐに食べられますが、時間がたつほどおいしくなります。ラム酒がお好きな方は焼き上がりにかけてもグーです。

🍩材料（880mlのパウンド型1個分）

バナナ（皮をむき、1cm幅に切る）
　　　　　　　　　　　　　2〜3本
レモン汁 ……………………… 大さじ1
ラム酒（あれば） …………… 大さじ1
シナモンパウダー ………… 小さじ1
薄力粉 …………………………… 100g
卵 ……………………………………1個
てんさい糖 …………………… 100g
バター（食塩不使用） ……………… 50g
＊ラム酒はオーブンで焼いたらアルコールが飛ぶので、お子様も食べられます。

🍩つくり方

[準備]バターは電子レンジで溶かしておく。薄力粉はふるっておく。オーブンは200℃に温めておく。

1 ボウルにバナナ、レモン汁、シナモンパウダー、ラム酒を入れて漬け込む。
2 別のボウルに卵、てんさい糖を入れ、ホイッパーでよく泡立てる。
◎ベーキングパウダーを使わずに生地を膨らませたいので、ここでふんわりするまでよく泡立てるのがポイントです。
3 2に薄力粉を2、3回に分けて加え、よく混ぜる。溶かしバターを2回に分けて加え、よく混ぜる。

4 型に流し入れ、5cmほどの高さからタオルをしいた台に型ごと数回落として空気を抜く。上に1のバナナをのせ、残った液体もかける。200℃のオーブンで40分焼く。粗熱をとる。
◎途中で様子を見て十分に焼き色がついていたら、焦げないようにアルミホイルをかぶせてください。

型から抜いて切り分けたら、ボナペティ〜！

◎ラム酒が好きな方は、熱いうちに追加でかけるのもおすすめです。
◎粗熱がとれたらラップをし、しっとりさせて翌日以降に食べてもおいしいです。

🍩この料理にはコレ！ カクテル

カルーア・ミルク　Kahlua and Milk
コーヒー・リキュールの「カルーア（生産地：メキシコ）」と牛乳を1:3の割合で合わせます。アラビカ種のコーヒー豆とサトウキビの蒸留酒でつくられたリキュール。牛乳で割るので飲みやすいですが、アルコールはきいてます。オトナの味です。酸味とばっちり合います。

デザート
飲み物

ヨーグルトケーキ
Gâteau au yaourt ▶YouTube #406

難易度 ★★☆☆
調理時間 55分 ※準備、粗熱をとる時間は除く

レモンの香りがさわやか！
しっとりとして、素朴ながら
品のある味わい。

ヨーグルトのケーキといっても、パウンドケーキ風の焼き菓子です。でも、生地にヨーグルトが入ることでしっとり、ねっちりした食感に。レモンのさわやかな味わいとヨーグルトのクリーミー感があって、素朴な中にも品のよさがありますよ。時間がたつにつれて味が落ち着いていきますので、毎日少しずつ楽しむのもグーです。

🍶材料 (880mlのパウンド型1個分)

無糖ヨーグルト ……………1カップ
卵 ……………………………3個
てんさい糖 …………1カップ (110g)
レモン ………………………½個
薄力粉 ……………2カップ (200g)
ベーキングパウダー ………1袋 (5g)
サラダ油 …………½カップ (70g)
※計量は米用の1合カップを使用。

🍶つくり方

[準備] 型にクッキングシートをしく。オーブンは180℃に温める。レモンの皮をすりおろし、レモン汁を搾る。薄力粉とベーキングパウダーは一緒にボウルにふるう。

1 別のボウルに卵、てんさい糖、レモンの皮、レモン汁、ヨーグルトを順に加え、そのつどホイッパーでよく混ぜ合わせる。
◎よく混ぜるのがポイントです。

2 粉の中央にくぼみをつくり、**1**を3回に分けて加えながらホイッパーでよく混ぜる。サラダ油を加えて、よく混ぜ合わせる。
◎ゆっくり混ぜてください。

3 型に流し込み、5cmほどの高さからタオルをしいた台に型ごと数回落として空気を抜く。180℃のオーブンで45分焼く。粗熱がとれたら型から抜く。
◎焼いている間は途中で様子を見て、必要なら上にアルミホイルをかぶせて焼き色を調整します。

切り分けたら、ボナペティ〜！

🍶この料理にはコレ！ スパークリングワイン

アスティ・スプマンテ Asti Spumante
生産者：コスタ・ブリッコ Costa Bricco
生産地：イタリア、ピエモンテ州
イタリアの代表的なスプマンテ。品種はモスカートで、甘口です。はちみつの香りがして、しっとりしたヨーグルトの焼き菓子にぴったり。

デザート
飲み物

144

ラングドシャ
Langues de chat ▶YouTube #484

難易度	調理時間
★☆☆	60分

※準備にかかる時間は除く

卵白1個分でたくさん！ 混ぜて焼くだけの サクサククッキー。

フランス語で「猫の舌」という意味ですが、日本でも有名ですよね。卵白が余った時に、ラングドシャをつくれば有効に使い切れます！　材料を混ぜるだけ、焼き加減に気をつけるだけで、大きさや形などの絞り方は自由に楽しんで。猫の舌のように表面がザラザラになればOK。サクサク食感も大事ですから、湿気ないように保管に気をつけましょう。

🌀材料 (天板2枚分)

バター(食塩不使用)	40g
てんさい糖	50g
卵白	1個分
薄力粉	40g

🌀つくり方

[準備]バターは室温でポマード状にしておく。薄力粉はふるっておく。オーブンを180℃に温める。

1　ボウルにバター、てんさい糖、卵白(2回に分けて)、薄力粉(少しずつ)の順で加えて、そのつどホイッパーでよく混ぜる。ゴムベラで生地を中央にまとめ、ラップをかぶせて冷蔵庫で約30分休ませる。

2　天板にクッキングシートをしき、1を絞り袋(直径8mmか9mmの丸口金)に入れて絞る。

3　180℃のオーブンで10〜12分焼く。約15分おいて粗熱をとる。

ボナペティ〜！

2

クッキングシートの下に油をひくとシートが動きません。

2

好みの大きさの円形や棒状に絞ります。形がいびつでも、いろいろな形があったほうがカワイイので気にしないでください。

🌀この料理にはコレ！ その他

カフェオレ　Café au Lait
フランス人は365日、大きなカップでたっぷりのカフェオレを楽しみます。朝食ならバゲットやクロワッサンと一緒ですが、おやつにクッキーといただくことも多いです。

デザート
飲み物

ガトー・ショコラ・フォンデュ

Gâteau chocolat fondu

▶ **YouTube #245**

難易度	調理時間
★★☆	35分

熱々を食べるのがおしゃれ！外はサクッ、中はとろっ、底のジャムもダブルグ〜！

チョコレートのシンプルなケーキです！ 器の底に甘酸っぱいラズベリージャムを隠しています。パリの料理学校「リッツ＝エスコフィエ」のレシピを三國流に簡単にアレンジした完璧レシピで、絶対オススメ。表面が割れていればしっかり焼けている証拠で、フランス的な「美」なんだそう。温かいうちでも、冷やしてもダブルグーです。

🍫材料（4人前）

チョコレート（手で割る）………… 100g
バター（食塩不使用、角切り）……… 70g
塩 …………………………… ひとつまみ
卵 …………………………………… 2個
薄力粉 ……………………………… 25g
生クリーム ……………………… 大さじ2
てんさい糖 ………………………… 80g
お好みのジャム ………………… 適量
粉糖 …………………………… お好みで

＊チョコレートはロッテの「ガーナブラック（カカオ分50％）」を使用。
＊ジャムは「Bonne Maman（ボンヌママン）ラズベリージャム」を使用。

🍫つくり方

[準備] 卵は卵黄と卵白に分けて、卵白はボウルと一緒に冷蔵庫で冷やしておく。耐熱容器にバター（分量外）を塗り、その上に薄力粉（分量外）をまぶす。オーブンは200℃に温めておく。

1 ボウルにチョコレート、バター、塩を入れて湯煎で溶かす。
　◎火にかけすぎると分離するので、溶けたら火を止めてください。

2 別のボウルに卵黄、薄力粉（2回に分けて）、生クリームを順に加え、そのつどホイッパーで混ぜ合わせる。

3 冷やしておいたボウルを使い、卵白でメレンゲをつくる。途中でてんさい糖を3回に分けて加え、泡立てる。1を3回に分けて加えゴムベラで混ぜ合わせる。2を2回に分けて加え、サクッと混ぜ合わせる。
　◎お好きな方はここでブランデー（適量）を入れてください。

4 耐熱容器の底にジャムを入れ、その上に3を流し込み、5cmほどの高さからタオルをしいた台に器ごと数回落として空気を抜く。天板に器をおいて湯をはり、200℃のオーブンで約17分焼く。

粉糖をふりかけたら、ボナペティ〜！

🍷この料理にはコレ！ [リキュール]

クレーム・ド・カシス・ド・ディジョン Crème de Cassis de Dijon
生産者：フィリップ・ド・ブルゴーニュ Philippe de Bourgogne
生産地：フランス、ブルゴーニュ地方
カシスでつくった甘いリキュールですが、チョコレートとの相性が素晴らしい。チャンピオン級です。ストレートはもちろん、氷を入れて飲むのも大好きです。

デザート
飲み物

クレーム・オ・ショコラ

Crème au chocolat (Danette au chocolat) ▶YouTube #244

難易度 ★★☆
調理時間 15分 ※粗熱をとり、冷蔵庫で冷やす時間は除く

濃厚でなめらかな口溶け！フルーツの香りがベストマッチ。

クレーム・オ・ショコラとはチョコレートクリーム。ムース・オ・ショコラよりねっとりなめらかで、チョコレートの風味がダイレクトに感じられます。セミドライのフルーツを添えると、食感がアクセントに、後から追いかけてくるフルーツの香りがチョコとベストマッチして素晴らしいです。バレンタインなどにぜひつくってください。

🍫材料（4人前）

ビターチョコレート（粗く刻む）…… 60g
生クリーム ……………………… ½カップ
牛乳 ……………………………… 2カップ
コーンスターチ（なければ片栗粉）
……………………………………… 20g
ココアパウダー …………………… 大さじ2
てんさい糖（なければグラニュー糖）
……………………………………… 50g
粉糖 ………………………………… 適量
ドライフルーツ（みじん切り）…… 適量

*ビターチョコレートはトップバリューの「ひとくちカカオ85%ブラックチョコレート」を使用。店ではフランスのヴァローナ社のチョコレートを使います。
*ドライフルーツはゆず、輪切りレモンのセミドライを使用。フランスでは今ゆずが大ブーム。和の素材ながらフレンチの料理やデザートにもなじみます。

🍫つくり方

1 ボウルにコーンスターチ、ココアパウダー、てんさい糖を混ぜ合わせる。
2 鍋で牛乳、生クリームを火にかける。温まったら1を加え、ゴムベラで混ぜ合わせながら沸騰させる。
　◎ダマができたらホイッパーでつぶしてください。
3 とろみが出てきたらチョコレートを加え、弱火にしてゴムベラでよく混ぜて溶かす。
　◎鍋底が焦げやすいので鍋底をかくようにしてよく混ぜます。
4 火からおろしてホイッパーでよく混ぜる。お好みの器に流し入れ、粗熱をとってから一晩冷蔵庫で冷やす。
　◎火からはずして、空気を入れるように混ぜることでなめらかさと光沢を出します。

お好みで粉糖やドライフルーツをかけたら、ボナペティ〜！

🍷この料理にはコレ！ 酒精強化ワイン

サンデマン ルビーポート　Sandeman Ruby Port
生産者：サンデマン　Sandeman
生産地：ポルトガル
甘口に仕立ててあるポルト酒は、カラメリゼのような香ばしさやレーズンの風味があり、チョコレートデザートとは抜群の相性です。

アーモンドケーキ
Gâteau aux amandes

▶ **YouTube #650**

難易度	調理時間
★★☆	55分

※準備と粗熱をとる時間は除く

ベーキングパウダー不使用! 軽くてしっとり、素朴な味のパウンドケーキ。

パウンドケーキタイプの素朴な焼き菓子ですが、アーモンドパウダーをたっぷり使っています。アーモンドは健康にも美容にもいいんですよ! 風味もよく、軽くしっとりして、お子様からご年配の方までみなさんに喜ばれると思います。お好みでバニラやラム酒で風味を加えてもいいですね。材料を混ぜて焼くだけですから、ぜひお試しを。

🔵 材料 (880mlのパウンド型1個分)

アーモンドパウダー	100g
卵	2個
てんさい糖	70g
牛乳	30ml
薄力粉	40g
バター(食塩不使用)	50g

🔵 つくり方

[準備] 卵は卵黄と卵白に分けて、卵白はボウルと一緒に冷蔵庫で冷やしておく。バターは電子レンジで溶かしておく。型にクッキングシートをしく。オーブンは180℃に温める。

◎ クッキングシートの四隅に斜めにハサミを入れると、型にきれいに収まります。

◎ 余裕があれば、アーモンドパウダーと薄力粉は別々にふるっておく。

1 卵黄にてんさい糖(半量)を加え、ホイッパーでよく混ぜる。牛乳、アーモンドパウダー(半量)を順に加えよく混ぜる。冷蔵庫で冷やしておく。

2 冷やしていたボウルを使い、卵白でメレンゲをつくる。途中、残りのてんさい糖を加え混ぜる。

3 1に2(半量)を加え、ゴムベラで混ぜる。残りのアーモンドパウダー、薄力粉、残りの2、溶かしバターを2回に分けて順に加えながら、混ぜる。

◎ メレンゲをつぶさないようにゴムベラで切るようにサクッと混ぜてください。

◎ 薄力粉はふるう代わりに、まんべんなくふるように加えます。

4 型に流し入れ、5cmほどの高さからタオルをしいた台に型ごと数回落として空気を抜く。180℃のオーブンで約40分焼く。粗熱がとれたら型から抜く。

ボナペティ〜!

◎ ラップで包んで、冷蔵庫か寒いところにおいておくとしっとり仕上がります。

デザート
飲み物

基本のクレープ

Crêpes ▶YouTube #504

難易度	調理時間
★★☆	70分

寝かせる&焦がしバターで香りのよいもっちもち生地に!

クレープはフランス北部ブルターニュ地方が発祥です。日本ではホイップクリームやフルーツなど盛りだくさんで包むのが流行りですが、フランスはごくシンプル。バター、チョコレート、ジャムを薄く塗ったり、砂糖やシナモンをふりかけたりするだけです。ハムや卵を巻けば朝食にもグー。たくさん焼いて冷蔵や冷凍保存すると便利ですよ。

🌀材料(3〜4人前)

卵	2個
てんさい糖	27g
薄力粉	135g
牛乳	330g
塩	ひとつまみ
バター(食塩不使用)	20g
お好きなトッピング	適量

*トッピングはシナモンパウダー、てんさい糖、ミルクジャム(P.156)を使用。

🌀つくり方

1 ボウルに卵、てんさい糖を入れ、ホイッパーでよく混ぜる。薄力粉(数回に分けて)、牛乳(数回に分けて)、塩を順に加えて、そのつど混ぜ合わせる。ラップをかぶせ、冷蔵庫で約1時間寝かせる。
◎粉はダマにならないように、パラパラと全体にふりながら加えます。
◎粉物はしっかり吸水させると伸びやすくなり、きれいに焼けます。そのため生地を寝かせます。

2 中火のフライパンでバターを少量残して熱し、少し茶色になったら、一呼吸おいて温度を下げてから1に加え、混ぜ合わせる。
◎フライパンの大きさは自由ですが、小ぶりのほうが焼きやすいです。

3 同じフライパンに残りのバターを入れ弱火で熱し、生地を少量流し入れ、フライパンを回して薄く広げる。生地の縁が色づいてきたら裏返す。軽く焼いたら取り出す。
◎1枚目のクレープはフライパンが温まっておらず、生地がなじまないので試し焼きのつもりで。2枚目からはきれいに色づきますよ。フライパンがどんどん熱くなるので素早く焼いていきます。

お好きなトッピングを内側につけてたたんだら、ボナペティ〜!

🌀この料理にはコレ! 紅茶

ミクニ・マスカテル　Mikuni Muscatel
生産者:マカイバリ茶園
生産地:インド、ダージリン地方
クレープには紅茶が一番。これはダージリンの中のダージリンとも呼ばれる最高級グレードの有機農法による茶葉です。力強く香りもよい紅茶です。

デザート
飲み物

149

自家製ジンジャーエール

Soda au gingembre ▶YouTube #557

難易度	調理時間
★☆☆	10分

※粗熱をとる時間、一晩寝かせる時間は除く

夏は炭酸水、冬はお湯割りで年中楽しめる!

家庭で簡単にできるジンジャーエールの素です。しょうがやレモンをシロップで一晩漬けるだけで、炭酸水で割ればジンジャーエールに、湯で割ればホットジンジャーが楽しめますから、夏でも冬でも重宝しますよ。フレッシュなしょうがの香りがすっきりとして、とっても飲みやすいです。はちみつで甘さを、赤とうがらしで辛さを調整できます。

🍲材料（3人前）

しょうが（皮つきをせん切り）	100g
レモン（皮つきを輪切り）	小1個
てんさい糖	100g
水	1カップ
はちみつ	大さじ1
赤とうがらし	½本
クローブ	2本
シナモンスティック	1本

＊はちみつは藤原養蜂場の「皇居周辺蜜（国産）きんかん」を使用。

🍳つくり方

[準備]保存瓶は煮沸消毒してしょうがとレモンを入れておく。

1 小鍋に水、てんさい糖、はちみつ、スパイスを入れて沸騰させる。熱々の状態で保存瓶に注ぐ。粗熱がとれたら冷蔵庫で一晩寝かせる。
◎アクが気になる方はとってください。

2 炭酸水で割ったらジンジャーエールに。湯で割ったらホットジンジャーに。

ボナペティ〜!

◎残ったしょうがやスパイスをワインに入れて温めるとスペシャルヴァンショーに（P.136参照）。紅茶やホットミルクに入れてもおいしいです。

デザート
飲み物

りんごのベニエ

Beignet aux pommes ▶YouTube #537

難易度	調理時間
★★☆	10分

**ホットケーキミックスで
りんごの天ぷら！
スパイスがアクセントに。**

ベニエは天ぷらのような衣揚げ。フランスではフルーツをベニエにすることも多く、懐かしのおやつです。三ツ星レストランで出されることもありますよ。本来は薄力粉で衣をつくりますが、味つきでふっくら揚がるホットケーキミックスが便利。卵やスパイスを加えてリッチな生地にしました。揚げたての温かいうちに食べてくださいね。

◎材料（3〜4人前）

りんご	2個
ホットケーキミックス	150g
卵	1個
牛乳	1カップ
シナモンパウダー	ひとつまみ
ジンジャーパウダー	ひとつまみ
揚げ油	適量
粉糖、またはキャラメルソース	お好みで

＊りんごの品種は何でもOK。生地がたくさんできるので、バナナや洋ナシなどお好きなフルーツでいっぱいつくってください。

◎つくり方

[準備]りんごは皮をむいて芯を抜き、1cm厚さの輪切りにする。
　◎芯の抜き方には、小さい包丁でくりぬいたり、輪切りにしてから丸い抜き型で取り除いたりする方法もあります。

1 ボウルにホットケーキミックス、スパイス、卵を入れ、ホイッパーで混ぜ合わせる。牛乳を3回に分けて加え、そのつどよく混ぜる。
2 りんごに1をからませ、150〜160℃の油でりんごに火が通るまで揚げる。
　◎衣においしそうな色がついたらできあがり。

粉糖やキャラメルソースをかけたら、ボナペティ〜！

キャラメルソース

Sauce caramel ▶YouTube #535

難易度	調理時間
★☆☆	5分

◎材料

てんさい糖	100g
生クリーム	100g
水	10ml
カルダモンパウダー	ひとつまみ
塩	ひとつまみ

◎つくり方

[準備]保存用の瓶を煮沸消毒しておく。生クリームはフライパンの近くに用意しておく。

1 強火のフライパンにてんさい糖を広げて入れ、中央を丸く空けて水を入れる。そのまま火にかけ続け、全体の半分以上が茶色く泡立ってきたら、フライパンを回すようにゆする。
　◎キャラメルをつくるポイントは、触らないでじっと待つことです。ゆする時もヘラなどで混ぜてはいけません。
2 ゆすって全体が溶けたら、火を止めて、すかさず生クリームを2回に分けて加え、そのつどゴムベラでよく混ぜる。塩、カルダモンパウダーを加え混ぜる。瓶に移す。
　◎黒くなりすぎた場合は、フライパンを冷たい濡れタオルに当てて、それ以上火が入るのを止めてください。

◎パン、アイスクリーム、果物などにかけて食べるとおいしいです。
◎冷えて固まった時は、電子レンジで温めると柔らかくなります。

◎この料理にはコレ！ カクテル

コアントロー＋トニックウォーター
オレンジリキュール「コアントロー（生産地:フランス）」とトニックウォーターを1:3の割合で割ったカクテルです。さわやかな香りですっきりした味わいなので、フルーツの揚げ物にピッタリですよ。

デザート
飲み物

クラシックな マカロン

Macarons à l'ancienne

▶ **YouTube #212**

難易度	調理時間
★★☆	30分

※準備にかかる時間は除く

卵白を使ったおやつパート2! 絶対失敗しない簡単マカロン。

マカロンは今、大人気ですね。間にクリームやジャムを挟んだカラフルで美しい形のものは、マカロン・パリジェンヌ。地方ごとにいろんなレシピがあるので、ここでは簡単に家庭でもできるクラシックなものをご紹介します。主材料は卵白とアーモンド。何百年もの歴史をもつロマンのあるお菓子ですよ。

●材料 (約30個分)

卵白 ·················· 2個分 (55g)
グラニュー糖 ·················· 100g
アーモンドパウダー ·········· 100g
お好きなドライフルーツ
　（みじん切り）·············· 65g

＊ドライフルーツはいちじくを使用。フレッシュだと水分が出てきれいに焼けないので、ドライかセミドライを。本来は入れませんが、風味をよくするためのアレンジです。

●つくり方

[準備]天板にクッキングシートをしいておく。オーブンを180℃に温める。卵白はボウルと一緒に冷蔵庫で冷やしておく。

1 ボウルにグラニュー糖、アーモンドパウダーを入れて混ぜ合わせる。

2 冷やしておいたボウルを使い、卵白でメレンゲをつくる。1を2回に分けて加え、ゴムベラでざくっと混ぜ合わせる。ドライフルーツを加えて混ぜ合わせる。
◎メレンゲはつなぎ役なので、スフレのように泡がつぶれないかを気にしなくていいです。

3 天板に絞り出し袋で直径約3cmに丸く絞る。水で濡らした指で、てっぺんの角を軽くつぶして形をととのえる。

4 180℃のオーブンで12〜15分、おいしそうな焼き色がつくまで焼く。
◎絞った大きさによって焼き時間が変わります。
◎冷えるとカリカリになります。

ボナペティ〜!

3

天板とシートの間の四隅に生地を少し絞るか、オイルを塗るとシートがすべりません。

↓

ソフトクリームのようにくるくると絞ります。

●この料理にはコレ! 紅茶

オリジナル マリー＝アントワネット ティー　Marie-Antoinette Tea
生産者：ニナス　NINA'S
生産地：フランス
マリー・アントワネットが住んでいたヴェルサイユ宮殿で栽培されているりんごとバラで香りづけした紅茶です。風味もイメージもマカロンにぴったり。

デザート
飲み物

抹茶のティラミス
Tiramisu au thé vert

▶ YouTube #426

難易度	調理時間
★★☆	15分 ※準備と一晩冷蔵庫で冷やす時間は除く

クリームチーズ、粒あん、コーヒーのハーモニー。冷やし固めるだけの簡単ティラミス!

ミクニバージョンのティラミスですよ。ココアの代わりに抹茶、そしてあんこも入れちゃいました。チーズも本国イタリアではマスカルポーネを使いますが、フランス風にクリームチーズで。ティラミス好きの僕が自信をもっておすすめする和風テイストです。混ぜるだけで簡単、しかもおいしい! ぜひチャレンジしてください。

🍵材料（4〜6人前）

クリームチーズ（Kiri）............ 180g
卵黄 2個分
てんさい糖 60g
生クリーム 1カップ
粒あん 150g
フィンガービスケット（バンビーニ）
.... 16本
インスタントコーヒー 10g
湯 .... ½カップ
抹茶 .... たっぷりの量

🍵つくり方

[準備] クリームチーズは室温にもどす。生クリームは冷蔵庫で冷やしておく。
◎生クリームは冷やしておくと、泡立てた時に角が立ちやすくなります。

1 広口鍋に湯、インスタントコーヒーを入れて沸騰させる。火を止めてビスケットを浸す。
◎型に詰める時にコーヒー液にさっと浸してもよいし、このように浸したままたっぷり吸わせても大丈夫です。

2 ボウルにクリームチーズを入れてホイッパーで練り、ポマード状にする。卵黄、てんさい糖を順に加え、そのつど混ぜ合わせる。冷蔵庫で冷やす。
◎卵黄は分離しやすいので少しずつ混ぜ合わせてください。

3 別のボウルで生クリームを泡立てる。2回に分けて2に加え、混ぜ合わせる。冷蔵庫で冷やす。
◎1回目はしっかり全体を混ぜ合わせて、2回目は泡をつぶさないようにサクッと混ぜます。

4 型に1（約10本）、あん、3（半量）を順に入れて層にしたら、5cmほどの高さから、タオルをしいた台に型ごと数回落として空気を抜く。残りの1と3を順に入れて層にする。ラップをかけて冷蔵庫で一晩冷やす。

抹茶を茶こしでふりかけたら、ボナペティ〜!

◎お酒が好きな方は、リキュールを加えるのもおすすめです。

🍷この料理にはコレ! [デザートワイン]

J&Hゼルバッハ リープフラウミルヒ J&H Selbach Liebfraumilch
生産者：ゼルバッハ・オスター Selbach Oster
生産地：ドイツ
リースリングとシルヴァーナーなどでつくられる甘口ワイン。はちみつと若干のマスカットが香ります。甘いデザートに甘いワインの組み合わせは、すっきりした後味を残してくれますよ。

デザート
飲み物

ファーブルトン

Far breton ▶YouTube #346

難易度	調理時間
★★☆	60分

※プルーンをもどす時間、粗熱をとる時間は除く

ブルターニュ地方の伝統菓子。モチモチ&ポニョポニョ食感が神秘的!

北フランス、ブルターニュ地方の素朴な焼き菓子です。ファーは牛乳で煮込んだお粥、ブルトンは「ブルターニュの」という意味です。材料を混ぜて焼くだけで、モチモチ、ポニョポニョっとしたプリンのような舌触りが神秘的。たいていプルーンを入れますが、レーズンやナシなどのレシピもあるそう。焼きたての温かいうちにどうぞ。

🍳材料 （直径18cmの丸型1個分、または グラタン皿1枚分）

プルーン（セミドライ、種なし）	200g
熱湯	½カップ
紅茶の茶葉	ティーバッグ1袋
卵	2個
てんさい糖	60g
薄力粉	50g
牛乳	1¼カップ
ラム酒（なければブランデー、なくてもよい）	30ml
バター（食塩不使用）	適量

🍳つくり方

[準備] 紅茶をつくり、熱々のうちにプルーンを入れて1時間浸け、もどしておく。型にハケでバターを塗り、薄力粉（分量外）をまぶしたら、冷蔵庫で冷やす。オーブンを190℃に温める。

1 ボウルに卵、てんさい糖を混ぜ合わせる。薄力粉を3回に分けて加え、そのつどホイッパーで混ぜ合わせる。牛乳を少しずつ加え混ぜ、ラム酒を加え混ぜる。
◎薄力粉のダマができたらつぶすように混ぜます。

2 型にプルーンを並べて、1を静かに流し入れる。オーブンで45分焼く。粗熱をとり、型から裏返しにはずして皿に盛る。
◎プルーンが浮いてきたら指で沈めてください。
◎表面に焼き色がつきすぎるようなら、途中でアルミホイルをかぶせます。

ボナペティ〜!

◎上にバターをちぎってちらして焼くと縁がカリッとして、それもまたおいしいです!

🍷この料理にはコレ! **デザートワイン**

ヴィンサント・デル・キャンティ・クラッシコ
Vin Santo del Chianti Classico
生産者:フォントディ　Fontodi
生産地:イタリア、トスカーナ州
サンジョヴェーゼ主体のぶどうでつくられる甘口のデザートワイン。キャラメルやナッツなどの香りが、この焼き菓子にぴったりです。

デザート
飲み物

クリームチーズと てんさい糖のパイ

Tarte au sucre ▶YouTube #359

難易度 ★☆☆
調理時間 35分

北フランスの伝統菓子。 冷凍パイシートとクリームチーズで 簡単アレンジ。

シンプルで簡単なタルト・オ・シュクル。シュクルは「砂糖」という意味です。北フランスからベルギーの一帯はてんさい糖の産地。この素朴なタルトは、北フランスの地方菓子として有名です。酪農が盛んなので、本場ではバターたっぷりのブリオッシュ生地に生クリームのアパレイユも塗りますが、パイシートとクリームチーズでアレンジ。パリパリを楽しんでください。

🍮材料 (天板1枚分)

冷凍パイシート ………………… 2枚
クリームチーズ ………………… 8個
てんさい糖 …………… 15g +40g
バター (食塩不使用) …………… 40g
薄力粉 (打ち粉用) …………… 適量

＊冷凍パイシートはニップン製がおすすめ。
＊クリームチーズは入手しやすいフィラデルフィアかKiriを。

🍮つくり方

[準備] オーブンを180℃に温めておく。パイシートを室温にもどしておく。

1 天板にクッキングシートをしき、てんさい糖 (15g) をまぶす。
  ◎下に砂糖を入れることでパイ生地の裏側もカラメリゼします。

2 パイシートに薄力粉で打ち粉をしてめん棒で伸ばし、1の上におく。クリームチーズをちぎってちらす。てんさい糖 (40g) をまんべんなくふり、バターをちぎってちらす。
  ◎クリームチーズはお好みでポマード状にして伸ばしても結構ですが、ざくっと手でちぎるとチーズの食感が残ります。

3 180℃のオーブンで25分焼く。

切り分けたらボナペティ〜!

🍮この料理にはコレ! スパークリングワイン

ドゥミ=セック Demi-Sec
生産者ケイ・ダブリュー・ヴィ KWV
生産地:南アフリカ、西ケープ州
シュナン・ブラン種のスパークリングで、グレープフルーツやライムの香りが。品がよく、口の中でまとわりつくチーズをさっと洗い流してくれます。

デザート
飲み物

ミルクジャム
Confiture de lait

▶YouTube #502

難易度
★★☆

調理時間
25分

牛乳とてんさい糖をキャラメル状に煮詰めたジャムです。甘くて香ばしくて、とってもおいしいです。でも、火入れの途中で油断すると、鍋にくっつきやすく端が焦げたりするので神経を集中してつくってくださいね。パンやクレープに塗って楽しんで。

🥛材料（出来上がり量250g）

牛乳 …………………… 500ml
てんさい糖 ……………… 150g
バニラビーンズ
（なければバニラエッセンス）
……………………… ½本
はちみつ ……………… 大さじ2

レーズンパン …………… お好みで
＊はちみつは、藤原養蜂場の「皇居周辺蜜（国産）きんかん」を使用。

🥄つくり方

[準備] 保存用の瓶を煮沸消毒する。バニラビーンズはさやに切り込みを入れ、包丁でしごいて種を取り出しておく。

1 中火のフライパンにはちみつ以外の材料を入れて、ホイッパーでバニラビーンズを混ぜる。全体に混ざったら、ゴムベラにかえる。一度沸騰したら、弱火〜中火で混ぜながら12〜20分煮詰める。
◎鍋肌に当たっている縁が焦げやすいので、ゴムベラできれいに落と

しながら混ぜます。火の入れ方が非常に難しいです。焦げそうになったら火力を弱めてください。ご家庭の火力によっても煮詰める時間は変わります。

2 色づいてねっとりした濃度が出るまで混ぜ続けて火を止める。はちみつを加え混ぜ合わせる。冷たい濡れタオルの上に移し、粗熱がとれるまでゴムベラで混ぜ続ける。瓶に移す。
◎焦げないように注意しながら、ギリギリまで混ぜ続けてください。
◎濡れタオルにのせるのは、余熱で火が入らないよう急激に冷やすため。
◎練れば練るほど空気が入って光沢が出るので、火を止めた後も混ぜ続けます。

焼いたレーズンパンにのせて、ボナペティ〜！

◎瓶に入れたら冷蔵保存を。冷蔵庫に入れると固まるので、使う時はしばらく室温におくか、電子レンジで温めて柔らかくしてください。
◎P.149「基本のクレープ」にお好みでつけてください。

名刺がたくさんある理由

僕が名刺交換する時は、17枚詰めた袋を1セットでお渡しするんです（笑）。ほぼ自治体の観光大使の名刺。出身地の北海道から始まって、最近は沖縄から任命されました。そもそもは、食材探しに各地に出向いたことがきっかけ。産地の方々はいいものをつくっていてもPRの仕方がわからないことが多いんですよね。料理人が観光大使になればいろんな形でアピールできるから、「ぜひ大使に！」となるわけ。大使になって関係を築いていれば僕たちもすぐに食材を調達できるメリットがあるから、そこはウィンウィンで。料理コンクールなどのイベントを行うこともあり、お互いの業界の発展に貢献できているかなあと思ってます。

▼観光大使（北から）
昆布・うに大使（北海道目梨郡羅臼町）／増毛やん衆観光大使・増毛かずの子大使・増毛フルーツ大使（北海道増毛郡増毛町）／江差観光ふるさと大使（北海道檜山郡江差町）／みなと気仙沼大使・ホヤ大使（宮城県気仙沼市）／東京ブランドアンバサダー（東京都）／能登わじま食の大使（石川県能登町）／ふくいの食アンバサダー（福井県）／みえの食国際大使（三重県）／京都府文化観光大使（京都府）／津和野町森の恵みの食大使・日本遺産大使（島根県鹿足郡津和野町）／びぜん特別観光大使（岡山県備前市）／しものせき海響大使（山口県下関市）／美ら島沖縄大使（沖縄県）

材料別料理さくいん

三國清三

1954年北海道・増毛町生まれ。15歳で料理人を志し、札幌グランドホテル、帝国ホテルにて修業後、74年、在スイス日本国大使館料理長に就任。ジラルデ、トロワグロ、アラン・シャペルなど三ツ星レストランで修業を重ね、82年に帰国。85年、東京・四ツ谷にオテル・ドゥ・ミクニ開店。99年、ルレ・エ・シャトー協会の世界5大陸トップシェフの1人に選出される。2013年、フランスの食文化への功績が認められ、フランソワ・ラブレー大学（現・トゥール大学）にて名誉博士号を授与される。15年、フランス共和国レジオン・ドヌール勲章シュバリエを受勲。20年4月YouTubeチャンネルを開設。簡単な家庭料理を中心にレシピ動画を毎日配信。22年9月、著書『スーパーの食材でフランス家庭料理をつくる 三國シェフのベスト・レシピ136 永久保存版』（KADOKAWA）が第9回 料理レシピ本大賞で「プロの選んだレシピ賞」を受賞。

スーパーの食材が高級レストランの味になる
三國シェフのすご技絶品レシピ　永久保存版

2023年1月25日　初版発行
2023年3月30日　３版発行

著者／三國清三
発行者／山下直久
発行／株式会社KADOKAWA
〒102-8177　東京都千代田区富士見2-13-3
電話0570-002-301（ナビダイヤル）
印刷所／凸版印刷株式会社

●お問い合わせ
https://www.kadokawa.co.jp/（「お問い合わせ」へお進みください）
※内容によっては、お答えできない場合があります。
※サポートは日本国内のみとさせていただきます。
※Japanese text only

定価はカバーに表示してあります。
©Mikuni Kiyomi 2023 Printed in Japan
ISBN 978-4-04-606084-6 C0077